新媒体传播实务

主　编：杜向菊　李晓彦
副主编：翟嘉欣　王雨茜　刘茜茜　韩　露

电子工业出版社
Publishing House of Electronics Industry
北京·BEIJING

内 容 简 介

《新媒体传播实务》详细梳理了新媒体传播从基础认知到项目成果展示与复盘的全流程内容，涵盖了新媒体传播基础认知、调研策略、项目选题、策划蓝图、内容创作、推广与运营、整合与优化、项目成果展示与复盘及法规与伦理准则等多个重要方面。书中穿插了丰富多样的案例，并精心设计了大量的实操任务，助力读者切实掌握新媒体传播的核心技能。尤为值得一提的是，本书着重强调了新媒体传播中的伦理与合规问题，积极倡导在技术应用过程中重视用户隐私与数据安全，为新媒体行业的健康发展筑牢底线。

本书理论与实践并重，不仅构建了系统知识框架，还通过任务驱动强化实操能力，兼具指导性和可操作性。它既可以作为高校新闻传播、市场营销等专业的教材，又可以作为新媒体从业者的实用参考书。对于学生而言，本书是夯实理论、提升实践能力的优质教材；对于新媒体从业者而言，它是优化传播策略、提升工作效率的实用指南。无论是在学习领域还是在实践场景，本书都是新媒体传播领域极具实用价值的专业书籍。

未经许可，不得以任何方式复制或抄袭本书之部分或全部内容。
版权所有，侵权必究。

图书在版编目（CIP）数据

新媒体传播实务 / 杜向菊，李晓彦主编. -- 北京：电子工业出版社，2025.6. -- ISBN 978-7-121-50676-5
Ⅰ.G206.2
中国国家版本馆 CIP 数据核字第 2025LP2978 号

责任编辑：扈　婕
印　　刷：中国电影出版社印刷厂
装　　订：中国电影出版社印刷厂
出版发行：电子工业出版社
　　　　　北京市海淀区万寿路 173 信箱　邮编：100036
开　　本：787×1092　1/16　印张：11.25　字数：273千字
版　　次：2025 年 6 月第 1 版
印　　次：2025 年 6 月第 1 次印刷
定　　价：49.00 元

凡所购买电子工业出版社图书有缺损问题，请向购买书店调换。若书店售缺，请与本社发行部联系，联系及邮购电话：（010）88254888，88258888。
质量投诉请发邮件至 zlts@phei.com.cn，盗版侵权举报请发邮件至 dbqq@phei.com.cn。
本书咨询联系方式：qiyuqin@phei.com.cn。

前　言

随着信息技术的飞速发展，新媒体已成为现代社会信息传播的核心渠道之一。无论是个人、企业还是政府，都高度依赖新媒体平台进行信息发布、品牌推广和公众互动。凭借即时性、互动性和广泛覆盖性，新媒体不仅在商业营销中占据举足轻重的地位，更在社会舆论引导、公共服务和文化传承等领域发挥着不可替代的作用。

新媒体传播的重要性不仅在于其广泛的覆盖面和高效的传播速度，更在于其强大的互动性和用户参与度。信息传播不再是单向灌输，而是双向甚至多向的互动。用户通过评论、转发、点赞等方式深度参与信息的传播过程，进而形成强大的社会影响力。这种互动性为品牌建设、社会舆论引导和公共服务等领域带来了独特优势。

然而，新媒体传播也面临信息过载、内容同质化、用户黏性不足等挑战。如何在复杂的新媒体环境中脱颖而出，成为每个新媒体从业者必须解决的难题。《新媒体传播实务》正是基于这一需求而编写的。本书通过系统的理论讲解和丰富的案例分析，帮助读者掌握新媒体传播核心技能，提升传播效果，助力个人与组织更好地实现传播目标。

目 录

第一章 新媒体传播基础认知 1
    一、新媒体传播溯源与演变 1
    二、新媒体传播特征解析 7
    三、新媒体传播价值维度 9
    四、主流新媒体平台概览 15

第二章 新媒体传播调研策略 19
    一、网络调研核心方法 19
    二、实地调研实施要略 25
    三、线上线下混合调研方法论 27

第三章 新媒体传播项目选题 34
    一、选题的原则框架与策略构建 34
    二、市场需求的深度洞察与趋势研判 40
    三、竞争对手的多维剖析与策略应对 43
    四、选题的确定流程与细化要点 46

第四章 新媒体传播策划蓝图 54
    一、策划方案撰写精要 54
    二、平台账号定位规划 57
    三、内容策划与设计纲要 59

第五章 新媒体传播内容创作 65
    一、图文内容创作要诀 65
    二、视频内容创作指南 70
    三、音频内容创作要点 75

第六章 新媒体传播推广与运营 80
    一、平台账号指标解读 81
    二、内容发布规划 84
    三、粉丝增长与社群运维 87
    四、互动活动的策划与执行 91
    五、全流程执行 SOP 95
    六、数据监测与效果评估 97

第七章　新媒体传播整合与优化 ... 104
  一、多平台传播整合策略 ... 105
  二、新媒体传播项目中期评估与调适 ... 110
  三、危机传播应对与舆情管理 ... 117
  四、新兴技术融合创新应用 ... 125

第八章　新媒体传播项目成果展示与复盘 ... 135
  一、新媒体传播项目成果展示 ... 136
  二、新媒体传播项目复盘与能力提升 ... 144

第九章　新媒体传播法规与伦理准则 ... 158
  一、新媒体传播法律法规解读与应用 ... 158
  二、知识产权保护要点 ... 162
  三、网络传播伦理规范 ... 165

参考文献 ... 173

后记 ... 174

第一章 新媒体传播基础认知

　　本章通过"历史溯源—特征解构—价值挖掘—平台认知"的知识链条，构建起新媒体传播的基础认知框架。在教学设计上强调知识、能力和素养目标达成的有机统一：课前通过知识图谱建立系统认知，课中采用任务驱动实现知行转化，课后通过项目实践促进能力提升。特别注重培养学生在技术变革中的批判思维，在平台运营中的创新意识，在价值创造中的责任伦理，为后续章节的专项技能学习奠定坚实基础。

■ 教学目标

知识目标
能识记新媒体传播的演进轨迹与历史分期。
能列举新媒体传播的五大核心特征体系。
能认知主流新媒体平台的技术架构与生态体系。

能力目标
能从技术和社会两个角度解析媒体变革动因。
能具备新媒体传播特征的案例解构与场景应用能力。
能形成价值维度的多主体评价视角与量化分析思维。

素养目标
能养成数字时代的媒介信息素养与批判思维。
能建立传播伦理意识与社会责任认知体系。
能提升新媒体传播实务的职业认知度与岗位适配度。

■ 课前自学

一、新媒体传播溯源与演变

　　新媒体传播作为信息传播的重要形式，经历了从萌芽到成熟的演变过程。这一过程不仅反映了信息技术的飞速发展，还深刻改变了人们的传播方式和信息接收习惯。以下将按照数字媒体萌芽期、Web2.0社交媒体传播时代、移动媒体传播时代、智能媒体传播时代四个阶段详细阐述新媒体传播的溯源与演变。

（一）数字媒体萌芽期（1987—1999年）：从中国首封电子邮件发出到门户网站崛起

在1987年9月20日，中国通过北京与德国卡尔斯鲁厄大学之间的网络连接，成功发送了第一封电子邮件。这封邮件的内容为"Across the Great Wall we can reach every corner in the world"（越过长城，我们可以到达世界的每一个角落），标志着中国正式迈入了数字媒体的萌芽期。这一时期的数字媒体传播主要依赖于电子邮件、远程登录、文件传输协议（File Transfer Protocol，FTP）等基础的互联网应用。

随着互联网的逐步普及，1994年，中国邮电电信总局分别在北京、上海开通了64K专线，开始提供Internet商业服务。1995年，瀛海威信息通信有限责任公司在北京中关村地区开通了中国第一家民营ISP（Internet Service Provider，因特网服务提供商），并推出了瀛海威时空网络，成为中国最早一批提供网络接入服务和内容服务的公司之一。虽然瀛海威时空网络后来因各种原因逐渐退出历史舞台，但它在中国互联网发展史上留下了浓墨重彩的一笔。

1996年，搜狐公司成立，推出了搜狐搜索引擎，成为中国最早一批搜索引擎之一。1997年，丁磊在广州创建了网易公司，成为中国最早一批互联网企业之一。网易最初以提供免费的个人主页服务和电子邮件服务为主，后来逐渐发展成为涵盖新闻、游戏、音乐、教育等多个领域的综合性门户网站。

1998年是中国互联网行业发展的关键节点，中国门户网站在这一年迎来了爆发式增长。以新浪、网易、搜狐为代表的门户网站相继崛起，成为当时中国互联网行业的领军企业。这些门户网站不仅提供了丰富的新闻资讯、娱乐内容和服务应用，还通过广告、电子商务等商业模式实现了盈利。门户网站的崛起标志着中国互联网从简单的信息传输向内容丰富、功能多样的综合信息服务转变。

在这一阶段，数字媒体传播的主要特点是信息传输速度快、覆盖面广，但内容形式相对单一，主要以文字和图片为主。同时，由于互联网技术的限制和普及程度不高，数字媒体传播的用户群体相对较小，主要集中在城市地区的高学历人群。

● **案例：网易公司的崛起**

在数字媒体萌芽期，网易公司作为中国最早一批电子邮件服务提供商之一，凭借其稳定的服务质量和不断创新的功能设计，赢得了广大用户的喜爱和信赖。网易邮箱不仅提供基本的收发邮件功能，还推出了邮件归档、过滤器、多账号管理等高级功能，满足了用户多样化的需求。同时，用户凭借单一邮箱账号即可无缝接入新闻门户、网络游戏、云音乐等多个业务板块。这种"一账号通"模式为用户提供了更加便捷、丰富的互联网体验，提升了用户黏性。

（二）Web2.0社交媒体传播时代（2000—2009年）：从博客、SNS到微博的演进

进入21世纪，随着Web2.0技术的兴起和普及，互联网逐渐从信息单向传播向用户参与、交互共享的方向发展。在这一时期，博客、SNS（Social Networking Services，社交网络服务）等新型社交应用应运而生，成为Web2.0社交媒体传播时代的重要代表。

博客（Blog）是一种个人或团体通过互联网发布信息、分享观点、交流思想的平台。在Web2.0社交媒体传播时代初期，博客以其开放、自由、个性化的特点迅速吸引了大量用户。许多知名人士、专家学者、媒体从业者等纷纷开设个人博客，通过博客发表文章、分享经验、交流看法。博客的兴起推动了互联网内容的多样化和丰富化，促进了网络文化的形成和发展。

随着博客的普及和影响力的提升，SNS开始崭露头角。SNS是一种基于互联网平台的社交应用，用户可以通过注册账号、填写个人资料、添加好友等方式建立自己的社交网络。在SNS平台上，用户可以发布状态、分享照片、评论留言、参与活动等，实现与好友之间的互动和交流。SNS的出现拓宽了人们的社交渠道，促进了信息的快速传播和共享。

在博客和SNS的推动下，Web2.0技术逐渐走向成熟。2009年，微博这一新型社交应用在中国诞生，并迅速走红。微博是一种基于用户关系的社交媒体平台，用户可以通过平板电脑、手机等多种移动终端接入，以文字、图片、视频等多媒体形式实现信息的即时分享、传播互动。微博的兴起改变了信息传播的方式和速度，推动了网络舆论的形成和发展。许多重大事件、社会热点都是通过微博首先曝光并引发广泛关注的。

在这一阶段，数字媒体传播的主要特点是用户参与度高、交互性强、信息形式多样化。博客、SNS、微博等社交应用为用户提供了更加便捷、丰富的表达和交流方式，促进了信息的快速传播和共享。同时，随着移动互联网技术的初步应用和普及，数字媒体传播的用户群体逐渐扩大，由城市地区的高学历人群向更广泛的社会阶层延伸。

● **案例：新浪微博的崛起**

新浪微博作为中国最早一批微博平台之一，凭借其创新的功能设计和良好的用户体验，迅速吸引了大量用户。新浪微博不仅提供基本的发布状态、分享照片、评论留言等功能，还推出话题、热搜、粉丝关注等特色功能，满足用户多样化的需求。同时，新浪微博还与众多知名企业、品牌、媒体等进行深度合作，为用户提供更加丰富的信息和资源。

（三）移动媒体传播时代（2010—2021年）：从3G到5G，以及超级App的诞生

移动媒体传播时代的演变是以通信技术迭代为核心驱动力的。2010年被称为"中国移

动互联网新元年",这一年,中国移动互联网环境发生了翻天覆地的变化:3G的普及为移动互联网的发展提供了关键基础设施,iPhone4登陆中国并激发了移动应用开发的创新浪潮,Android的爆红为移动设备市场注入了竞争活力,以及以iPad为代表的平板电脑拓展了移动互联网的使用场景。与此同时,以手机应用商店为核心的产业链初步形成。

从3G到5G的升级,重构了信息传输模式与用户交互场景,催生了以"超级App"为代表的生态级应用形态。超级App是指那些拥有庞大用户群体、丰富功能应用、强大品牌影响力的移动互联网应用。它们不仅提供了基本的社交、娱乐、购物等服务,还通过不断的技术创新和业务拓展,满足用户日益多样化的需求。微信、支付宝、今日头条等超级App在这一时期迅速崛起,成为中国移动互联网行业的领军企业。

微信作为国内首批移动端即时通信应用程序之一,依托功能架构的持续创新与用户体验优化机制,迅速形成了规模化的用户基础。该平台构建的即时通信基础模块涵盖文字交互、语音传输及视频会话功能,同时集成社交分享平台(朋友圈)、自媒体传播渠道(公众号)、轻应用服务平台(小程序)等差异化功能模块。通过搭建战略协同合作框架,微信已实现与商业机构、品牌方及传媒平台的深度资源整合,从而构建起覆盖多元场景的应用生态。

支付宝作为中国首批移动支付应用程序之一,凭借其安全、便捷、高效的支付服务,迅速赢得广大用户的喜爱和信赖。支付宝不仅提供基本的在线支付、转账汇款、信用卡还款等功能,还推出余额宝、蚂蚁花呗、蚂蚁借呗等金融服务产品,满足用户多样化的金融需求。同时,支付宝还与众多线下商户进行深度合作,为用户提供更加便捷的线下支付体验。

今日头条是一款基于算法推荐技术的新闻资讯应用程序,凭借其精准的内容推荐机制和个性化的用户体验设计,迅速吸引了大量用户。它不仅提供丰富的新闻资讯内容,还通过算法分析用户的兴趣和行为习惯,为用户推荐符合其需求的个性化内容。同时,今日头条还与众多知名媒体、自媒体等进行深度合作,为用户提供了更加优质的内容资源。

在这一阶段,数字媒体传播的主要特点是移动化、碎片化、个性化。移动互联网技术的快速发展和普及,为用户提供了更加便捷、高效的数字媒体传播方式。同时,随着人们生活方式和消费习惯的变化,数字媒体传播的内容形式也更加多样化,包括文字、图片、视频、音频等多种形式。此外,算法推荐技术的应用也为数字媒体传播带来更加精准、个性化的用户体验。

● **案例:抖音的崛起**

2016年9月抖音正式上线。抖音作为一款基于短视频分享的社交媒体应用,凭借其创新的短视频创作和分享模式,迅速吸引了大量年轻用户。用户可以通过拍摄、编辑、发布短视频来展示自己的才艺、生活、观点等。同时,抖音通过算法分析用户的兴趣和行为习惯,为用户推荐符合其需求的个性化短视频内容。抖音的成功在于其准确把握了年轻用户的需求和喜好，通过创新的短视频创作和分享模式，为用户提供了更加便捷、高效的数字媒体传播方式。

（四）智能媒体传播时代（2022—2025年）：生成式人工智能重塑传播生态

自2022年11月ChatGPT（Chat Generative Pre-trained Transformer，生成型预训练变换模型）问世以来，生成式人工智能技术持续迭代。以OpenAI发布的视频生成模型Sora为标志，其自动化内容生产与智能化语义理解能力正推动传媒产业格局发生结构性变革。相较于传统协作型机器人，这类技术范式基于海量数据资源与算法优化驱动，借助算力升级与模型训练强化，实现自主进化，其内容输出呈现动态调适的特征。通过深度学习框架与自然语言处理技术的深度融合，系统不仅能完成多模态内容构建，更实现了人机协同共创的双向智能交互。目前，国外的语言模型主要由OpenAI的ChatGPT、Google的LaMDA、Meta的LLaMA等占据主导地位，国内则以百度"文心一言"、华为"盘古"、阿里"通义千问"为代表。2025年春节推出的"深度求索（DeepSeek）"模型更彰显了本土化创新的突破。作为新型内容生产主体，算法驱动型AIGC（Artificial Intelligence Generated Content，人工智能生成内容）正在重构内容创作的范式，其运行机制依托参数化模型，对关键词与主体信息进行解构和重组，自主生成涵盖文本、图像、音视频等全媒介形态的传播素材。从PGC（Professional Generated Content，专业生成内容）到UGC（User Generated Content，用户生成内容）、PUGC（Professional User Generated Content，专业用户生成内容），再到AIGC，机器智能已经深度介入新媒体的发展过程，以往对于专业生产者与非专业生产者这类劳动力要素的讨论，已经转变为对内容生产背后更复杂关系的探讨，资本、技术人员、消费者等多元主体，共同形塑了人工智能时代下的新媒体传播生态。

在这一阶段，还可以看到许多其他创新技术的应用和发展。例如，人工智能技术在新闻撰写、内容审核等方面的应用已经逐渐成熟；区块链技术在新媒体版权保护、广告投放追踪等方面的应用也展现出巨大潜力。这些创新技术的应用和发展，提高了新媒体传播的效率和质量，为新媒体产业的未来发展注入了新的活力和动力。

此外，在智能媒体传播时代中，新媒体与传统媒体的融合已成为一个重要趋势。许多传统媒体纷纷通过新媒体平台拓展自己的传播渠道和用户群体，以实现更加广泛和深入的传播效果。同时，新媒体也通过与传统媒体的合作和互动，不断提升自己的内容质量和传播影响力。这种融合发展的趋势促进了新媒体与传统媒体之间的互利共赢，为整个媒体产业的未来发展提供了更加广阔的空间和更多的机遇。

- **案例：央视网的"AI智能对话"系列创意微视频**

央视网自2023年开始推出"AI智能对话"系列创意微视频。该系列视频通过AI数字人技术，将不同时空、不同次元的人物巧妙嫁接，使他们在同一场域、同一语境下对谈同一热点话题，实现了"梦幻联动"，如图1-1、1-2所示。这些视频是主流新媒体在AI创作与制作领域上的一次突破性实践，展现了技术与内容的"双轮驱动"，以及美学与灵感的"立体加成"。通过打破时间与空间、虚拟与现实的界限，央视网的"AI智能对话"系列创意微视频让观众透过AI影像察古观今，感受历史人物的内心独白和思想境界，领略"今月曾经照古人"的人文精神。这种创新的内容表达方式不仅实现了知识的跨界和时空的破壁，还使微视频成为兼具思想深度与艺术魅力的有效载体，进而实现了破圈传播。

图1-1　央视网《比划》视频栏目——开学第一课《跨越时空与李白、鲁迅、钱钟书聊"开学"》

图1-2　央视网《比划》视频栏目——2024年新春佳节前夕推出的国风AI立体水墨《寻龙记》

综上所述，新媒体传播经历了从数字媒体萌芽期到Web2.0社交媒体传播时代、移动媒体传播时代再到智能媒体传播时代的多个发展阶段。在这一历程中，技术的每一次飞跃都深刻改变了信息的传播方式和用户的接收习惯。未来，随着技术的不断进步和应用场景的不断拓展，新媒体传播将继续呈现出更加多元化、个性化的趋势和特点，为人们的生活带来更加便捷、高效的信息服务。同时，新媒体产业也将迎来更加广阔的发展前景和更加激烈的市场竞争。

二、新媒体传播特征解析

新媒体作为继报刊、广播、电视、网络之后发展起来的全新媒体形态，正以其独特的传播方式和强大的影响力改变着信息传播格局。

（一）传播结构：分布式网络

新媒体的传播结构呈现出显著的分布式网络特点。与传统媒体自上而下的线性传播模式不同，新媒体借助数字技术、网络技术，形成了一个高度分散、多节点的信息传播网络。在这个网络中，每个节点既可以作为信息的传播者，也可以作为信息的接收者，信息在节点之间自由流动，形成了复杂而多样的传播路径。

● **案例：政务微博的传播网络**

以政务微博为例，如"@中国广州发布"和"@上海发布"等，它们通过发布新闻、政策解读、便民信息等内容，与粉丝进行互动，形成了一个庞大的信息传播网络。在这个网络中，政务微博是核心节点，而粉丝则是分散在各个角落的次级节点。政务微博发布的信息通过粉丝的转发、评论等行为，迅速扩散到整个网络，实现了信息的广泛传播。同时，粉丝也可以通过评论、私信等方式向政务微博反馈意见和建议，形成了一种双向互动的传播结构。这种分布式网络的传播结构，使得政务微博能够及时了解民意，回应社会关切，提高政府工作的透明度和公信力。

（二）内容生产：UGC+PGC协同

新媒体的内容生产模式呈现出UGC与PGC协同的特点。UGC强调用户的参与和创造，用户可以通过社交媒体、博客、视频分享等平台发布自己的内容；而PGC则强调专业性和权威性，由专业机构或人士生产高质量的内容。在新媒体环境下，UGC和PGC相互补充，共同构成了丰富多样的内容生态。

● **案例：《人民日报》的新媒体矩阵**

《人民日报》作为主流媒体的代表，其新媒体矩阵包括了人民网、微信、微博、今日头条、抖音等多个平台。在这个矩阵中，UGC和PGC协同作用，共同推动内容的生产和传播。一方面，《人民日报》通过其专业的新闻采编团队，生产高质量的新闻内容，如重大事件报道、深度分析、评论等，这些PGC内容以其权威性和专业性吸引了大量用户的关注；另一方面，《人民日报》也鼓励用户参与内容创作，通过社交媒体平台发布自己的观点和看法，这些UGC内容以其多样性和贴近性增强了用户的参与感和归属感。UGC和PGC的协同作用，使得《人民日报》的新媒体矩阵能够持续产出高质量、多样化的内容，满足不同用户的需求和偏好。

（三）交互方式：实时多向互动

新媒体的交互方式呈现出实时多向互动的特点。在新媒体环境下，用户可以通过社交媒体、即时通信工具等平台，随时随地与其他用户或信息源进行互动。这种互动并非仅限于一对一的交流，还可以是一对多、多对多的群体互动。同时，新媒体的交互还具有实时性，用户可以在第一时间获取信息并作出回应。

● **案例：虚拟现实技术在新闻报道中的应用**

虚拟现实（Virtual Reality，VR）技术在新媒体报道中的应用，为用户提供了一种全新的交互体验。例如，在美国总统选举中，VR技术可以让观众全方位地体验候选人的演讲现场，观众可以通过VR设备身临其境地感受新闻现场的氛围。这种交互方式不仅增强了新闻的生动性和真实性，还提高了观众的参与感和互动性。观众可以通过VR设备实时观看演讲现场，并通过手柄、体感设备等交互工具与现场进行互动，如投票、提问等。这种实时多向互动的交互方式，使得新闻报道更加生动、有趣，吸引了大量用户的关注和参与。

（四）信息载体：多模态融合

在新媒体环境下，信息可以以文字、图片、音频、视频等多种形式存在和传播。这些不同的信息载体相互融合，共同构成了新媒体的丰富信息生态。用户可以根据自己的需求和偏好，选择适合自己的信息载体进行信息的获取和传播。

● **案例：互动影像在娱乐游戏产业中的应用**

互动影像作为一种新兴的娱乐形式，充分展现了新媒体信息载体的多模态融合特点。在互动影像中，观众可以通过手柄、体感设备等交互工具，参与到电影的故事情节中，自主选择剧情发展方向。例如，《飞越13号房》以杨永信电击网瘾治疗营事件为灵感，改编自橙光的《篱笆庄秘闻》，从少年张扬的视角展开，展示了其被送至戒除网瘾治疗营后经历的种种，最终成功"回家"的剧情。玩家可通过选择不同的剧情分支进入不同的剧情，并对其他游戏角色产生影响，创造出属于自己的故事情节和结局。这种多模态融合的信息载体，丰富了新媒体的信息生态，提高了用户的参与度和体验度。

（五）传播效果：精准量化

借助大数据和人工智能技术，新媒体可以对用户的兴趣、行为、社交网络等数据进行深入挖掘和分析，从而实现精准的内容推荐和传播。同时，新媒体还可以通过数据分析和监测工具，对传播效果进行实时跟踪和评估，以便及时调整传播策略和优化传播效果。

● **案例：智能推荐系统在社交媒体中的应用**

通过分析用户的兴趣、行为和社交网络等数据，智能推荐系统可以为用户提供个性化的内容推荐。例如，当用户打开社交媒体时，智能推荐系统会根据用户的兴趣和好友动态，推荐相关的文章、图片和视频。这种精准量化的传播方式，提高了信息传播的精准度和效率，增强了用户的黏性和参与度。同时，社交媒体平台还可以通过数据分析和监测工具，对智能推荐系统的传播效果进行实时跟踪和评估，以便及时调整推荐算法和优化用户体验。

此外，新媒体传播效果的精准量化还体现在政务微博的传播效果评估上。"@中国军号"作为解放军新闻传播中心的官方新媒体平台，其传播效果的精准量化评估充分体现了政务微博的数据化运营策略。该账号通过系统监测发布量、转发量、评论量及话题热度等核心指标，实时优化内容策略。例如，该账号在建军95周年之际发布的短视频《建军95周年 中国军队时刻准备战斗》，以"能战方能止战"为主题，整合演训画面和官兵宣言，单条微博即引发全网广泛传播，相关话题阅读量迅速突破10亿次。同年，航母主题宣传片《深蓝！深蓝！》更凭借片尾"三胎"彩蛋的创意设计，带动"第三艘航母""航母三胎"等话题全网点击量超过12亿，登顶多平台热搜榜首，创下军事题材传播新纪录。

综上所述，新媒体传播呈现出分布式网络、UGC+PGC协同内容生产、实时多向互动、多模态融合信息载体，以及精准量化传播效果等五大特征。这些特征不仅丰富了新媒体的信息生态和传播方式，还提高了用户的参与感和体验感。随着科技的不断进步和新媒体的不断发展，我们有理由相信，新媒体传播将在未来发挥更加重要的作用，为信息传播和社会发展带来更多的可能性和机遇。

三、新媒体传播价值维度

新媒体传播作为信息时代的重要传播方式，其价值不仅体现在信息传播本身，更在于其对社会、经济、文化等多方面广泛深远的影响，具体可以分为主体和场景两种维度。

（一）两种维度的传播价值

1. 主体维度：个人/企业/政府/社会

新媒体传播的主体维度包括个人、企业、政府和社会四个层面，每个层面都体现了新媒体传播的独特价值和作用。

（1）个人层面。

新媒体传播为个体提供了前所未有的表达自我和获取信息的平台。通过社交媒体、博客、视频分享等渠道，个人可以自由地发布内容、表达观点、分享经验，与全球各地的用户进行互动。这种传播方式满足了个人表达的需求，促进了信息的自由流通和知识的共享。

● **案例：微博大V的影响力**

以微博为例，许多大V通过发布原创内容、分享观点、参与话题讨论等方式，积累了大量的粉丝和影响力。他们不仅成为信息传播的重要节点，还通过发起公益活动、推动社会议题等方式，发挥了积极的社会作用。例如，微博大V"@作业本"曾发起"冰桶挑战"，呼吁公众关注渐冻症群体，该活动迅速在全球范围内传播，引发了广泛的关注和参与。

（2）企业层面。

通过社交媒体、短视频、直播等新媒体平台，企业可以更加直接地与目标用户进行互动，传递品牌信息，提升品牌形象。同时，新媒体传播还为企业提供了数据分析和精准营销的工具，帮助企业更好地了解用户需求和市场趋势，制定更加有效的营销策略。

● **案例：小米的新媒体营销**

小米作为互联网手机的代表品牌，其新媒体营销堪称典范。小米通过社交媒体平台与粉丝进行互动，发布新品信息、分享使用技巧、举办线上活动等，增强了用户的参与感和归属感。同时，小米还利用大数据技术，分析用户行为和需求，进行精准营销和个性化推荐，提高了营销效率和转化率。这种新媒体营销方式帮助小米树立了良好的品牌形象，推动了其业务的快速增长。

（3）政府层面。

通过政务微博、政务微信等平台，政府可以及时向公众发布政策信息、回应社会关切、推动政务公开，如图1-3所示。同时，新媒体消解了传统媒体的时空限制，形成多元意见市场，为政府提供了与公众进行互动和沟通的平台，有助于提升政府的公信力和执行力。

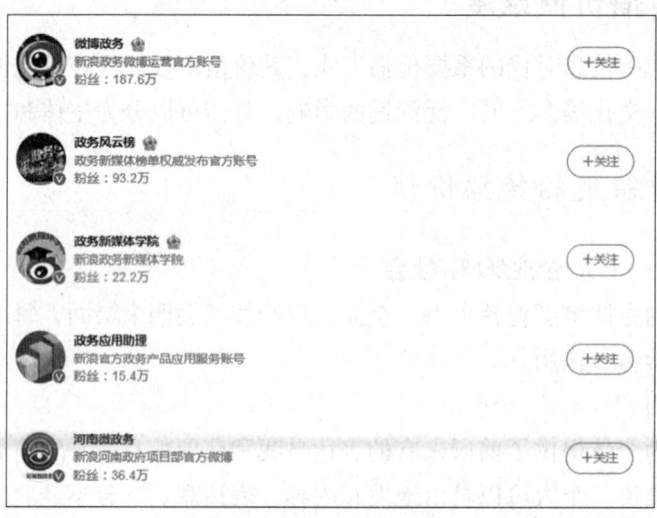

图1-3　政务微博类账号

● 案例：政务微博的政务信息传播

政务微博作为政府新媒体传播的重要平台，已经成为政府发布政务信息、回应社会关切的重要渠道。"@河南省文化和旅游厅官方微博"政务微博通过精准化运营与创新互动，成为政府提升公信力和执行力的典范。该账号积极响应公众需求，如在2024年初，面对网友"给河南文旅上分"的呼声，单日密集发布20余条文旅短视频，3天涨粉超百万，被网民誉为"最听劝官方"，生动诠释了政务新媒体的敏捷性。其内容策略以数据为驱动，聚焦"颠覆性创意"和"沉浸式体验"，通过云台山"花朝节"汉服巡游等年轻化活动，将传统文化与现代潮流深度结合。同时，账号强化公共服务功能，及时回应游客咨询、发布景区限流预警及非遗保护政策。这种"需求响应—创意传播—服务落地"的闭环模式，充分展示了政务微博在提升政府执行力与公众获得感方面的核心价值。

（4）社会层面。

新媒体在社会层面重构了信息生态与公共参与机制，通过社交媒体、短视频等平台形成了即时化、多维度的信息传播网络。公众可以通过这些平台更加便捷地获取社会新闻、关注社会议题、参与社会运动，从而促进更加开放、多元的公共讨论空间的形成，有助于推动社会进步和民主发展。

● 案例：短视频平台上的传统文化传播

短视频平台作为新媒体传播的一种重要形式，已成为传统文化传播的重要渠道。通过短视频平台，公众可以观看传统文化表演、了解传统文化知识、参与传统文化活动。这种短视频传播方式不仅具有趣味性和互动性，还具有较高的传播效率和较广的覆盖面。例如，在抖音平台上的"非遗"话题，通过短视频的形式展示了中国传统文化的魅力和价值，吸引了大量用户的关注和参与，如图1-4所示。

2. 场景维度：信息传播/商业交易/公共服务/文化传承

新媒体传播的场景维度涵盖了信息传播、商业交易、公共服务和文化传承四个方面，每个方面都展现出新媒体传播的独特价值和作用。

（1）信息传播。

在社交媒体与新闻网站等多元平台上，新媒体构建了全天候的信息传播网络。公众可以即时触达全球新闻事件、社会热点及产业动向，并借助短视频、直播、弹幕等富媒体形式实现信息立体化传播。这种传播模式突破了时空限制，既

图 1-4　文化传承直播

具备实时推送的强时效性,又通过用户评论、转发分享等形成跨地域传播效应。更显著的特征在于其双向交互性,即用户既是信息接收者,也可通过点赞互动、UGC等方式参与信息再生产,甚至推动话题议程设置。相较于传统媒体,这种多维度参与机制不仅提升了信息传播效率,还通过趣味化表达和场景化传播的方式,构建起动态演进的公共信息生态。

● **案例:杭州交通918微信公众号的"民生化传播"**

杭州交通918微信公众号由杭州文化广播电视集团运营,聚焦交通、民生及社会热点,如图1-5所示。通过设计如"突发!预计凌晨2点抵达杭州!"这样的标题,将交通预警与民生动态融入用户日常生活场景,强化信息即时性与实用性;内容多元化,覆盖奥运赛事、社会案件、名人动态等多元议题,结合热点事件,以"吃瓜"视角提升用户参与度;利用微信生态实现"深度长文+轻量化互动"融合,用户可通过评论、转发等方式实时参与话题讨论。该账号通过精准捕捉社会情绪与信息需求,构建了兼具权威性与亲和力的公共信息平台,彰显了新媒体在提升信息触达效率与公众参与度方面的双重价值。

图1-5 杭州交通918微信公众号截图

(2)商业交易。

依托电商平台与社交媒体等数字化渠道,消费者得以实现产品信息的即时检索、多维度比价及消费决策链路的无缝衔接。短视频测评、KOL(Key Opinion Leader,关键意见领袖)种草和直播带货等新兴形式,显著缩短了从认知到购买的转化周期。与此同时,这些平台通过构建数据驱动的精准营销体系——基于用户画像的智能推荐、互动场景的消费引导以及UGC内容裂变传播——为商家打造出多维立体的推广网络。

● 案例：直播带货的兴起

直播带货作为新媒体传播在商业交易方面的一种创新形式，已经成为电商行业的主流。通过直播平台，主播可以向观众展示产品、分享使用心得、解答疑问，引导观众进行购买。直播带货不仅具有互动性和娱乐性，还具有较高的转化率和用户黏性。例如，淘宝直播、抖音直播等平台上的知名主播，通过直播带货的方式，实现了销售额的大幅增长。

（3）公共服务。

通过政务微博、政务微信等新媒体矩阵，政府部门构建了全天候、立体化的公共服务网络。政府部门设置了政策直播解读、线上办事大厅、智能应答系统等功能模块，使公众可实时获取政务通知、在线办理高频事项并及时反馈诉求。新媒体传播的创新性体现在重构政民互动模式，如通过政务号评论区留言咨询、线上民意征集等双向交互设计，使公众从单向信息接收者转变为治理参与主体。同时，平台沉淀的留言数据可以通过用户画像分析，助力政府精准识别民生痛点，动态优化服务供给。

● 案例：政务服务平台的建设

政务服务平台作为新媒体传播在公共服务方面的一种创新形式，已经成为政府提升公共服务水平的重要手段。通过政务服务平台，公众可以在线办理政务服务事项、查询政务服务信息、反馈意见和建议等。政务服务平台提高了政府服务的效率和便捷性，增强了公众的参与感和满意度。例如，广东省的"粤省事"政务服务平台，通过整合各类政务服务事项，为公众提供了"一站式"的在线服务体验，如图1-6所示。

图1-6 "粤省事"小程序

（4）文化传承。

依托短视频、直播、虚拟现实等新媒体形式，传统文化实现了数字化转译与年轻化表达。通过戏曲AI（Artificial Intelligence，人工智能）换脸、非遗技艺慢直播、文物三维数字展等沉浸式的传播形式，历史典籍与技艺传承被转化为可交互的视觉符号。在弹幕互动、线上临摹工作坊等场景中，这些符号激活了公众文化记忆，激发了情感共鸣。这种传播新形态构建起双向赋能的生态：算法推荐机制精准触达年轻群体，用户二次创作内容形成裂变传播效应，而文化遗产机构则可以通过评论数据分析优化传播策略。当数字技术深度解构文化基因时，既催生出"戏曲+说唱""汉服+街舞"等跨界内容形态，又以数据反馈倒逼供给侧改革，最终在保持文化本真性的前提下，构建起传统文化传承与创新的长效发展机制。

● **案例：河南卫视《唐宫夜宴》系列节目**

　　河南卫视推出的《唐宫夜宴》系列节目以颠覆性的创新引发了现象级的传播。节目运用5G+AR（Augmented Reality，增强现实）技术对唐三彩乐俑进行数字复原，通过虚拟场景搭建重现唐代宫廷画卷，演员以"唐俑复活"的创意舞蹈活化文物。该节目内容在短视频平台经过二次剪辑传播后，衍生出"唐宫小姐姐"表情包、国风妆教挑战赛等UGC内容，如图1-7所示，相关话题累计阅读量突破30亿次。同时，节目IP延伸开发出盲盒、手游、联名汉服等文创产品，推动唐代服饰美学融入现代生活，实现文化价值与商业价值的双重突破。

图1-7　"唐宫小姐姐"表情包

（二）传播价值效能指标分析

　　基于主题和场景两个维度的传播价值，从传播广度、转化效率、社会效益和文化影响四个方面，对新媒体传播的效能指标进行深入探讨。

1. 传播广度：跨越时空的信息流动

　　新媒体传播以其无远弗届的传播能力，打破了传统媒体在地域和时间上的限制，使得信息能够迅速传播至全球各个角落。这一特点在重大新闻事件、公益活动、文化传播等领域尤为突出。在全球化视野下的信息传播成为一种常态，如CNN（Cable News Network，有线电视新闻网）、BBC（British Broadcasting Corporation，英国广播公司）等国际新闻机构利用社交媒体平台，即时发布全球新闻，使用户能够第一时间了解世界各地发生的大事小情。利用新媒体进行公益活动的广泛动员达到了前所未有的程度，如"冰桶挑战""地球一小时"等活动，通过新媒体的病毒式传播，迅速吸引了全球数亿人的参与，不仅提高了公众对渐冻症、环境保护等问题的认识，还激发了大规模的捐款和实际援助行动。

2. 转化效率：从认知到行动的加速器

新媒体传播的高效互动性促进了信息接收者从认知到行动的快速转化，特别是在电商、在线教育、健康管理等领域，转化效率的提升尤为明显。以淘宝直播、抖音小店为例，主播通过直播展示商品，即时解答观众疑问，配合限时折扣、满减优惠等策略，极大地缩短了消费者的购买决策过程，实现了销售额的快速增长。在线教育平台，如腾讯课堂、网易云课堂，通过直播授课、录播回放、在线测试等形式，将教育内容直接送达学习者，结合付费课程、会员订阅等模式，有效将知识转化为经济价值。

3. 社会效益：促进社会和谐与进步

政府利用微博、微信公众号等平台，及时发布政策解读、民生资讯，回应民众关切，增强了政府工作的透明度，提升了公众对政府的信任度。例如，"中国政府网"微信公众号定期发布政策解读，已成为民众了解国家政策的重要窗口。新媒体平台为社会热点、公共议题提供了开放的讨论空间，促进了多元观点的碰撞与交流，有助于形成社会共识，并推动问题的解决。例如，#MeToo运动在中国社交媒体上的广泛讨论，促进了社会对性别平等问题的深刻反思。

4. 文化影响：传统文化的现代演绎与创新

通过短视频、直播等新媒体形式，将皮影戏、剪纸、刺绣等传统手工艺展示给全球观众，不仅保护了这些文化遗产，还让更多人了解并爱上了传统文化。例如，抖音上的"非遗传承人"系列视频，吸引了大量年轻用户的关注。文化创意产业的兴起：新媒体平台成为文化创意产品展示与销售的重要渠道，如故宫博物院的文创产品，通过微博、淘宝等平台推广，将传统文化元素与现代设计相结合，既满足了消费者的审美需求，也促进了传统文化的活化利用。

综上所述，新媒体传播在主体维度上覆盖了个人、企业、政府、社会等多个层面，在场景维度上跨越了信息传播、商业交易、公共服务、文化传承等多个方面，而在效能指标上，则通过传播广度、转化效率、社会效益、文化影响等多维度展现了其强大的影响力和价值。随着技术的不断进步和社会需求的持续变化，新媒体传播将继续以其独特的优势，在促进信息传播、推动社会进步、传承与创新文化等方面发挥更加重要的作用。

四、主流新媒体平台概览

新媒体传播的核心载体是各类数字化平台。这些平台以多样化的内容形式、用户属性和传播逻辑构建了多元化的信息生态。当前主流新媒体平台可分为社交类、短视频类、知识社区类及垂直类平台等，覆盖文字、图片、视频、直播等多种媒介形态。

（1）社交类平台（如微信、微博）以用户关系链为基础，强调即时互动与信息扩散。

（2）短视频类平台（如抖音、快手）依托算法推荐机制，推动碎片化内容的高效传播。

（3）知识社区类平台（如知乎、哔哩哔哩）聚焦深度内容与圈层文化，形成高黏性用户社群。

（4）垂直类平台（如小红书、豆瓣）深耕细分领域，满足用户的个性化需求。

表1-1梳理了主流新媒体平台的核心卖点与适用场景，为后续实务操作提供基础认知框架。

表1-1 主流新媒体平台概览

平台名称	所属类型	核心卖点	典型用户群体	主要内容形式	适用场景
微信	综合社交平台	私域流量运营、强社交属性	全年龄段用户	图文、视频、小程序	社群管理、品牌服务号运营
微博	开放社交平台	热点传播、明星/KOL生态	年轻用户、泛娱乐群体	短图文、话题讨论	舆情监测、事件营销
抖音	短视频平台	算法推荐、娱乐化内容	Z世代、下沉市场	竖屏短视频、直播	品牌曝光、带货直播
快手	短视频平台	社区文化、老铁经济	三、四线城市用户	短视频、直播	下沉市场触达、本地化营销
哔哩哔哩（B站）	视频社区平台	弹幕互动、二次元文化	"95后""00后"	中长视频、UP主创作	年轻化品牌建设、IP孵化
小红书	生活方式社区	种草经济、女性用户主导	一、二线城市女性	图文笔记、短视频	产品测评、口碑营销
知乎	知识问答社区	深度内容、专业用户沉淀	高知人群	长图文、问答	知识IP打造、行业观点输出
今日头条	资讯聚合平台	个性化推荐、泛资讯内容	中青年用户	图文、短视频	信息流广告、内容分发
豆瓣	兴趣社区平台	小组讨论、文化圈层聚合	文艺青年、影音爱好者	书影音评论、小组	文化IP运营、精准社群运营
视频号(微信)	短视频社交平台	微信生态联动、公私域结合	微信全用户覆盖	短视频、直播	私域转化、社交裂变

备注：1. 核心卖点：突出平台差异化定位与传播逻辑；
   2. 适用场景：结合平台属性匹配传播目标（如品牌曝光、用户转化等）；
   3. 主要内容形式：需根据平台调性适配创作方式（如抖音重节奏、B站重创意深度）。

■ 课中任务

➢ 任务一：新媒体发展脉络重构

（1）时间轴制作实训。

分组完成新媒体发展四阶段划分。

数字媒体萌芽期（1987—1999年）：从中国首封电子邮件发出到门户网站崛起。

Web2.0社交媒体传播时代（2000—2009年）：从博客、SNS到微博的演进。

移动媒体传播时代（2010—2021年）：从3G到5G，以及超级App的诞生。

智能媒体传播时代（2022—2025年）：生成式人工智能重塑传播生态。

（2）关键节点辩论。

设置技术决定论与社会建构论的学术辩论。

正方论据：TCP/IP协议奠定基础/智能手机重构场景/算法改变认知。

反方论据：网民需求驱动创新/政策规制塑造格局/资本力量主导发展。

（3）案例分析。

解构"微信红包"现象的技术社会学意义。

① 技术层面：移动支付+社交关系链的耦合创新。

② 文化层面：传统习俗的数字化迁移。

③ 经济层面：金融场景的社交化渗透。

> 任务二：传播特征深度解析

（1）特征体系构建。

通过特征对比矩阵表揭示新媒体本质属性，如表1-2所示。

表1-2 特征对比矩阵表

维度	传统媒体	新媒体
传播结构		
内容生产		
交互方式		
信息载体		
传播效果		

（2）场景化案例研讨。

分组解析典型场景中的特征显现：

① 疫情信息传播中的即时性挑战（丁香园实时疫情地图）。

② 直播带货中的强互动转化机制（李佳琦直播间运营模式）。

③ 短视频平台的内容碎片化传播（抖音15秒叙事法则）。

> 任务三：价值维度系统解构

价值评估模型。

构建"主体—场景—效能"三维评估框架。

① 主体维度：个人/企业/政府/社会。

② 场景维度：信息传播/商业交易/公共服务/文化传承。

③ 效能指标：传播广度/转化效率/社会效益/文化影响。

> 任务四：平台生态深度考察

平台画像制作。

选择典型平台进行生态解构。

① 微信：社交关系链驱动的超级生态。
② 抖音：算法驱动的注意力经济平台。
③ 小红书：种草经济的信任机制构建。
④ B站：Z世代社群文化的数字部落。

■ 课后巩固

知识巩固

（1）完成新媒体发展大事记时间轴（1987—2025年）。

（2）撰写传播特征分析报告（任选三个典型平台）。

（3）设计价值评估指标体系（含三级指标与权重）。

能力提升

（1）平台调研：实地访谈自媒体运营者并形成案例库。

（2）数据训练：使用Python进行微博舆情情感分析。

（3）模拟运营：完成抖音账号的7天冷启动计划。

素养提升

书籍阅读：《数字化生存》《网络社会的崛起》。

延伸资源

（1）慕课资源：《新媒体与社会治理》西安交通大学课程。

（2）数据平台：艾瑞咨询/QuestMobile行业报告。

（3）工具推荐：清博大数据/新榜内容分析工具。

（4）经典文献：《认知盈余》《人人时代：无组织的组织力量》书摘。

第二章 新媒体传播调研策略

本章系统阐述新媒体传播中的调研策略,聚焦网络调研与实地调研的核心方法、工具应用及协同逻辑,覆盖用户洞察、数据挖掘、伦理与合规等关键环节。通过理论阐释、案例剖析与实操训练,构建从数据采集到数据分析再到实践应用的全链路调研体系,旨在培养学生科学制定调研方案、精准捕捉用户需求、动态优化传播策略的能力,同时强化数据隐私保护与技术伦理意识。本章内容既夯实新媒体传播的调研基础,又为后续传播策划与执行提供数据支撑。

教学目标

知识目标

掌握网络调研与实地调研的核心方法与工具。
理解网络调研与实地调研的差异与互补机制。
能够列举网络问卷设计与实地调研流程的基本步骤。
掌握定量和定性数据分析方法的基本逻辑与区别。

能力目标

能够设计并实施网络问卷调研。
能够运用工具开展数据挖掘与分析。
能够独立进行实地观察和访谈调研,获取高质量的一手数据。
能够完整撰写调研报告并通过图表有效呈现数据。

素养目标

培养严谨细致的调研素养,重视数据真实性和客观性。
提升调研过程中的伦理意识,确保调研活动尊重受访者隐私与权益。
强化数据分析的批判性思维,培养理性分析与决策能力。
提升团队协作能力,认同团队协作价值,积极参与团队调研项目。

■ 课前自学

一、网络调研核心方法

网络调研是新媒体传播中获取用户洞察的基础手段,其核心价值在于通过数字化工具快速收集大规模数据，精准识别用户需求与行为模式。通过科学设计问卷逻辑、合理选择数据源，能够突破传统调研在时间和空间上的限制，实现低成本、高效率的用户研究。

（一）网络问卷设计与应用

问卷调查是网络调研中最常用的数据采集方式，其核心价值在于通过精心设计的标准化问题，快速获取大量用户反馈，为传播策略优化提供数据支撑。网络问卷设计作为网络调研的核心环节，需要关注问卷结构的逻辑性、问题的明确性与互动的友好性。腾讯问卷、问卷星等工具的广泛使用，极大地便利了问卷的设计、发布及数据回收工作。通过科学地设计问卷逻辑、选择合适的工具平台，能够显著提升数据质量与调研效率。

1. 网络问卷设计原则

（1）明确目的：清晰定义问卷调查的目标和调研对象，以确保问卷内容与调查目的的相关性。

（2）逻辑清晰：问题设计应符合逻辑顺序，避免引导性和模糊性，以确保受访者理解问题的准确性。

（3）简洁高效：合理控制问题数量，避免冗长、重复和无关问题，以确保问卷填写的便捷性。

2. 网络问卷问题设计技巧

（1）问题类型多样化：合理选择单选、多选、评分、开放式等不同类型的问题，以获取更全面的数据。

（2）问题表达清晰：问题表达简洁明了，避免使用专业术语或复杂表达方式，以减少受访者理解偏差。

（3）避免敏感问题：避免涉及个人隐私或敏感话题，以确保受访者愿意坦诚回答。

● **拓展：科学设计四要素**

（1）目标导向。

① 明确调研目的：问卷设计需围绕具体目标展开，避免问题冗余或偏离主题。

② 用户画像构建：了解目标用户的基础属性（年龄/性别/地域）与行为特征（消费频次/使用场景）。

示例：某美妆品牌通过问卷收集用户年龄与肤质数据，构建"Z世代敏感肌用户"画像，精准定位产品开发方向。

③ 产品需求验证：测试新产品功能的市场接受度（如"AI生成文案"工具的实用性）。

示例：某教育平台通过问卷测试"AI批改作业"功能，发现用户对"即时反馈"需求强烈，推动功能优化。

④ 满意度评估：衡量用户对现有服务或内容的满意程度（如"会员权益使用体验"）。
示例：某视频平台通过问卷评估用户对"广告插播频率"的满意度，调整广告策略后用户留存率提升15%。

（2）逻辑架构。
① 漏斗式结构：问题设计应遵循由浅入深的逻辑顺序，逐步引导用户完成问卷。
② 背景问题：收集用户基础信息（如"您每周喝咖啡的频率？"）。
③ 行为问题：了解用户实际行为（如"您通常在什么场景下购买咖啡？"）。
④ 态度问题：挖掘用户主观感受（如"您对当前咖啡价格的满意度？"）。
⑤ 避免问题跳跃：确保问题之间的逻辑连贯性，防止用户因困惑而放弃填写。
示例：某电商平台在问卷中突然从"购物习惯"跳至"家庭收入"，导致用户流失率高达30%。

（3）选项设计。
① 李克特量表：适用于测量用户态度强度（如"1. 非常不满意"……"5. 非常满意"）。
示例：您对以下功能的满意度如何？（1. 非常不满意……5. 非常满意）
功能A：_____
功能B：_____
② 语义差异法：通过两极形容词对比，捕捉用户对某一概念的感知差异。
示例：您认为这款咖啡的口感如何？（1. 非常苦涩……5. 非常顺滑）
③ 多选题与开放式问题结合：
示例：您选择咖啡时最关注哪些因素？（多选：价格/口味/品牌/包装）
示例：请描述您对当前咖啡包装的改进建议。（开放式问题）

（4）质量控制。
① 陷阱题设置：通过重复题干或反向提问，筛查用户是否认真填写。
示例：
问题1：您是否喜欢喝咖啡？（是/否）
问题2（陷阱题）：您是否不喜欢喝咖啡？（是/否）
② 效果验证：某品牌通过陷阱题筛查，剔除20%无效问卷，数据准确性提升显著。
③ 答题时长筛查：剔除答题时长低于平均时长50%的问卷，确保数据可靠性。
示例：某问卷平均答题时长为5分钟，低于2.5分钟的问卷被视为无效。

（二）网络问卷发布与回收策略

网络问卷的发布与回收是调研过程中至关重要的一环，直接影响数据的代表性和有效性。合理的发布策略能够精准触达目标用户，而科学的回收策略则确保数据的时效性与完整性。

在发布渠道的选择上，需结合目标用户的行为特征进行适配。社交媒体平台（如微博、抖音、小红书）因其高活跃度和传播效率，成为针对年轻群体开展调研的首选渠道。对于高忠诚度用户，邮件营销则是一种高效的触达方式。邮件列表能够精准覆盖目标群体，尤其适用于企业客户或VIP用户的深度调研。在实时反馈场景中，嵌入网站或App的问卷设计效果显著。这种方式的优势在于在捕捉用户行为数据的同时，即时收集反馈。例如，抖音在用户观看视频后弹出"观看体验"问卷，能够高效收集问卷答案。激励机制设计直接影响回收率。物质奖励（如优惠券、积分兑换）能直接刺激用户参与意愿，精神激励同样有效，通过强调用户参与的价值（如"您的意见将帮助我们改进产品"），可激发情感共鸣。例如，在用户调研开篇强调"您的反馈将影响产品设计"，在情感上激励用户，可以获得更好的效果。回收时间需与业务节奏匹配。对于热点话题或短期决策需求（如"双十一"促销策略调整），可采用短期集中回收模式，而对于需长期监测用户需求变化的场景（如品牌年度满意度追踪），则需建立持续回收机制。例如，网易云音乐通过全年持续投放"年度听歌报告"问卷，动态跟踪用户对"个性化推荐"功能的反馈，为算法优化提供长期数据支撑。

（三）网络问卷的数据分析与应用

在网络调研中，数据分析是将原始数据转化为有价值洞察的核心环节。通过对问卷数据的系统化处理与分析，研究者能够揭示用户的行为模式、态度倾向与潜在需求，从而为传播策略的制定与优化提供科学依据。数据分析的过程通常包括数据清洗、定量与定性分析、策略应用等步骤，每一步都需遵循严谨的方法论，以确保结果的准确性与可靠性。

1. 数据清洗

数据清洗是数据分析的第一步，其目的是确保数据的完整性与一致性。在实际操作中，问卷数据往往存在缺失值、异常值等问题，这就需要通过科学的方法进行处理。对于缺失值，常用的处理方法主要有删除法和插补法两种。删除法适用于缺失比例较低的数据，而插补法则通过均值、中位数或回归模型填补缺失值，以保持数据的完整性。异常值的识别则通常借助箱线图或Z-score标准化方法，通过计算数据点与均值的标准差距离，来判断是否存在极端值。在数据清洗完成后，还需对数据进行标准化处理，将不同量纲的数据转换为统一标准，以便后续分析。

2. 定量与定性分析

数据分析方法主要分为定量分析与定性分析两大类，二者在逻辑与应用场景上存在显著差异，但又相辅相成。定量分析侧重于通过数值计算揭示数据的分布规律与群体差异，常用的方法包括描述性统计与交叉分析。描述性统计通过计算均值、中位数、标准差等指标，描述数据的集中趋势与离散程度；交叉分析则通过对比不同群体的行为或态度差异，揭示潜在的细分市场或用户需求。定量分析的结果通常以图表形式呈现，如饼图、柱状图等，以便直观展示数据特征。定性分析则侧重于对文本、图像等非数值数据的深度解读，旨在挖掘数据背后的动机、情感与文化语境。在众多的定性分析方法之中，文本分析与主题建模较为常用。文本分析通过自然语言处理技术提取关键词、识别情感倾向，从而揭示用户的核心诉求与态度分布；主题建模则通过算法识别文本中的潜在主题，帮助研究者从海量数据中提炼出有意义的模式，从而为深入理解用户行为和用户需求提供支持。定性分析的结果通常以文字描述为主，辅以关键词云图或主题网络图，以增强表达效果。

3. 驱动策略优化

数据分析的最终目的是驱动策略优化。通过构建用户画像，研究者能够将抽象的数据转化为具体的用户描述，从而为精准传播提供依据。用户画像通常包括基础属性、行为特征、兴趣图谱等维度，每个维度都需基于数据分析结果进行标签化处理。例如，通过分析问卷数据，研究者可以将用户划分为"价格敏感型""品质追求型"等群体，并为每个群体设计具有差异化的传播策略。此外，数据分析还能为产品优化、服务改进提供直接指导。例如，若数据显示用户对某一功能的满意度较低，研究者可以据此提出具体的优化建议。

4. 伦理与合规

在数据分析与应用过程中，伦理与合规是不可忽视的重要环节。研究者需严格遵守《中华人民共和国个人信息保护法》等相关法律法规，确保数据使用的合法性与透明性。具体而言，数据采集需遵循"知情同意"原则，明确告知用户数据用途与存储期限；数据分析过程中需对敏感信息进行匿名化处理，避免个体身份被识别；数据存储与传输则需采取加密措施，防止数据泄露。这些措施不仅是对用户隐私的尊重，还是确保研究结果可信度的基础。

总之，网络问卷的数据分析是一个系统性工程，涉及数据清洗、定量与定性分析、策略应用等多个环节。通过科学的方法与工具，研究者能够从海量数据中提炼出有价值的洞察，为传播策略的制定与优化提供有力支持。同时，数据分析过程还需兼顾伦理与合规要求，确保研究的科学性与社会责任感。掌握这些技能，不仅有助于提升研究者的专业素养，还能为新媒体传播实践提供坚实的理论基础。

（四）伦理与合规指引

在网络调研中，伦理与合规是确保用户信任和数据合法性的核心原则。随着《中华人民共和国个人信息保护法》等法律法规的出台，企业在开展用户调研时必须严格遵守相关规定，保护用户隐私与数据安全。以下是网络调研中需重点关注的伦理与合规要求：

1. 知情同意原则

知情同意是用户参与调研的前提条件。调研者需明确告知用户以下三种信息。

（1）数据用途：说明数据将用于何种目的（如产品优化、市场研究），并确保用途与用户授权范围一致。

（2）存储期限：明确数据保存的时间范围（如"不超过6个月"），并在到期后及时销毁。

（3）匿名化处理：承诺对用户个人信息进行脱敏处理，确保无法识别个体身份。

2. 数据最小化原则

根据《中华人民共和国个人信息保护法》，企业应遵循"最小必要"原则，仅收集与调研目标直接相关的数据。例如，在用户画像构建中，无需收集用户的详细住址或身份证号，仅收集年龄、性别等基础信息即可。

3. 数据安全与脱敏技术

为确保数据安全，调研者需采取以下三种措施。

（1）加密传输：使用安全套接层（Secure Sockets Layer，SSL）/传输层安全（Transport Layer Security，TLS）协议加密问卷数据传输，防止信息泄露。

（2）数据脱敏：采用差分隐私（Differential Privacy，DP）等技术，在数据中添加可控噪声，确保个体身份无法被识别。

（3）访问控制：限制数据访问权限，仅授权相关人员使用，并记录数据操作日志。

4. 用户权利保障

用户在网络调研中享有以下三种权利。

（1）知情权：了解数据收集、存储和使用的具体细节。

（2）撤回权：随时撤回同意，并要求删除个人数据。

（3）申诉权：对数据滥用行为提出申诉，并获得及时处理。

5. 合规审查与培训

企业应建立合规审查机制，定期检查调研流程是否符合法律法规要求。同时，对调研团队进行数据隐私与伦理培训，确保每位成员了解并遵守相关规定。

● **拓展：智能工具应用**

在网络调研中，智能工具的应用能够显著提升问卷设计、数据收集与分析的效率。这些工具通过人工智能技术，帮助用户快速生成高质量的问题库，并自动分析用户反馈中的情感倾向，为调研者提供科学的数据支撑。

腾讯问卷的AI辅助功能是问卷设计中的一项重要创新。该功能基于自然语言处理（Natural Language Processing，NLP）技术，能够根据用户输入的调研主题自动生成相关问题。例如，输入"用户满意度"后，系统会推荐一系列与满意度相关的问题，如"您对当前服务的整体满意度如何？"或"您认为哪些方面需要改进？"此外，腾讯问卷还支持逻辑跳转功能，即根据用户的回答动态调整后续问题，从而提升问卷的流畅度与用户体验。对于初学者或时间紧迫的调研项目，这一功能能够大幅降低人工设计问卷的时间成本，同时避免问题设计中的常见错误。

这些智能工具的应用场景非常广泛。例如，在企业用户满意度调研中，腾讯问卷的AI辅助功能可以帮助企业快速生成标准化问卷；在教育领域中，教师可以通过这些工具收集学生对课程的评价。无论是市场研究、产品优化还是用户体验提升，智能工具都能为调研者提供高效、精准的数据支撑。

二、实地调研实施要略

实地调研是网络调研的重要补充，通过场景化观察与深度互动，捕捉用户行为与需求的细微差异。其核心价值在于突破线上数据的抽象性，直接记录真实环境中的用户行为逻辑与情感反应，为传播策略优化提供立体化洞察。以下从参与式观察法、深度访谈技巧及线上线下混合调研方法论三方面展开论述。

（一）参与式观察法

参与式观察法是一种调研者深入到所调研对象的生活环境中，不暴露调研者真正身份，在实际参与调研对象日常社会生活的过程中所进行的隐蔽性观察，其核心在于捕捉自然场景中未经修饰的用户行为逻辑。与实验室环境下的受控实验不同，参与式观察法强调在真实场景中获取数据，能够有效避免"霍桑效应"（即用户因感知被观察而改变行为）。

方法论框架与实施流程如下。

1. 目标定义与场景选择

调研者需明确观察的核心目标（如优化零售空间布局、改进服务流程），并选择具有代表性的实地场景（如咖啡店、商场、社区活动中心）。场景选择需兼顾典型性与多样性。例如，在研究年轻消费者行为时，可以同时观察一线城市核心商圈与二、三线城市社区商业体。

2. 观察维度设计

根据目标细化观察维度，形成结构化记录框架。常见维度包括以下三种。

（1）空间行为：用户动线轨迹、停留区域、空间使用频率。

（2）交互行为：与商品、设备或他人的物理接触（如触摸商品、扫码操作）。

（3）情绪信号：面部表情、语言反馈、肢体动作（如皱眉、微笑、频繁看表）。

3. 数据采集技术

（1）人工记录：采用田野笔记（Field Notes）实时记录关键事件，需遵循"客观描述—主观解读"分离原则。例如，记录"用户在第3货架前停留2分钟并触摸3件商品"而非"用户对第3货架商品感兴趣"。

（2）技术辅助：结合视频录制、可穿戴设备（如智能眼镜）或传感器网络（如Wi-Fi

探针），实现多模态数据同步采集。

4. 数据分析与洞察提取

（1）行为编码：将非结构化观察数据转化为可量化指标。例如，将"停留时长＞30秒"编码为"高兴趣行为"，并统计其频率。

（2）模式识别：通过聚类分析或序列分析，提炼用户行为规律。例如，发现商场顾客普遍遵循"入口→促销区→收银台"的动线模式。

● **拓展：技术增强方案**

以下技术工具可提升实地调研的精度与效率。

眼动仪：通过追踪用户视线焦点，分析其对广告、商品或界面元素的注意力分布，常用于优化视觉设计。

热力图传感器：利用Wi-Fi或蓝牙信号绘制用户动线，以识别其高频停留区域（如商场热门展区或网站高点击页面）。

语音情感分析系统：通过NLP识别访谈录音中的情绪波动（如兴奋、不满），辅助人工解读情感倾向。

行为编码软件：将视频记录中的用户动作（如拿起商品、皱眉）转化为结构化数据，支持量化统计与模式识别。

（二）深度访谈技巧

深度访谈是一种通过开放式对话挖掘用户深层需求的质性研究方法，其核心在于通过语言交互揭示行为背后的动机、价值观与文化语境。与结构化问卷不同，深度访谈允许灵活调整问题框架，尤其适用于探索性研究与复杂问题解析。

方法论框架与实施流程如下。

1. 访谈设计

问题架构采用"漏斗式"设计，从宽泛问题逐步聚焦到核心议题。例如，从"您通常如何选择咖啡品牌？"过渡到"哪些因素会让您放弃当前品牌？"；问题类型采用混合使用事实性问题（如"您每周购买几次？"）、体验性问题（如"您最满意的一次消费体验是？"）与假设性问题（如"如果价格上涨10%，您会如何选择？"）。

2. 访谈执行策略

（1）建立信任关系：通过非正式开场（如闲聊天气或共同兴趣）降低受访者戒备，避免使用录音设备初期引发的紧张感。

（2）追问技术：横向追问：扩展回答维度（如"您提到喜欢便捷性，能否举例说明？"）。纵向追问：追溯行为背后的深层动机（如"为什么便捷性对您如此重要？"→"这对您的生活有什么影响？"）。

（3）沉默运用：适度保持沉默（3～5秒），鼓励受访者补充未充分表达的内容。

3. 数据记录与处理

（1）多模态记录：结合录音、笔记，以及对受访者肢体语言的观察（如手势、眼神变化），形成立体化访谈记录。

（2）文本转录与编码：使用Nvivo等工具，对访谈文本进行开放式编码（Open Coding）→轴心编码（Axial Coding）→选择性编码（Selective Coding），提炼核心主题（如"健康焦虑""社交认同"）。

三、线上线下混合调研方法论

随着新媒体生态的复杂化，单一维度的用户研究方法已难以满足深度洞察需求。混合调研方法论（Mixed Methods Research）是整合定量研究与定性研究的系统性框架，旨在通过数据互补与交叉验证，构建多维度的用户洞察体系。其核心价值在于突破单一方法的局限性——网络调研虽能快速获取大规模数据，但缺乏对行为语境的深度解析；实地调研虽能捕捉场景化细节，但受限于样本规模与普适性。混合调研通过科学设计将两者有机融合，既保留定量研究的广度与客观性，又汲取定性研究的深度与灵活性，最终形成"全景式"用户认知。

O2O协同逻辑：用户行为全周期闭环管理

O2O（Online to Offline）协同逻辑的本质是通过线上线下的数据贯通，实现用户研究从浅层观察到深度干预的闭环管理。这一过程可分为三个阶段，形成完整的"筛选—体验—追踪"链路。

第一阶段：线上问卷的精准分群。线上问卷作为研究起点，需通过科学设计提升目标用户筛选效率。以咖啡消费研究为例，线上问卷通常包含三个模块：基础属性（如年龄、职业）、行为偏好（采用李克特量表量化用户对价格、口味等维度的重视度），以及场景模拟（通过虚拟选择实验观察用户在矛盾条件下的决策优先级）。

第二阶段：线下场景的行为捕捉与情境化分析。线下环节的核心任务是将物理空间中的用户行为转化为结构化数据。当前主流技术包括RFID（Radio Frequency Identificat，无线射频识别）杯垫（通过无线射频信号记录饮品接触时间）、热力图传感器（捕捉用户在店内的移动轨迹）以及生理测量设备（如眼动仪追踪视觉注意力分布）。

第三阶段：线上追踪的长期价值评估。用户离开物理场景后的持续追踪，是验证线下干预效果的关键。通过整合App登录频率、社交媒体互动、跨平台消费等数据，可构建用户忠诚度的动态预测模型。

案例：星巴克中国的数字用户调研策略

星巴克中国在数字化转型过程中，构建了线上线下深度协同的用户调研体系，形成了独具特色的O2O闭环策略。该策略通过数字化工具与实体场景的有机融合，实现了用户数据的全链路采集与洞察应用。

1. 网络调研的数字化创新

（1）智能数据采集系统。

星巴克依托微信生态建立"星巴克中国数字飞轮"系统，通过小程序、企业微信、腾讯问卷构建三位一体的线上数据矩阵。其中，微信小程序"用星说"不仅实现订单转化，更通过游戏化互动（如咖啡知识问答、口味测试）收集用户偏好数据；腾讯问卷系统采用动态逻辑跳转技术，根据用户画像自动匹配问卷模块，使问卷完成率提升至83%。

（2）AI驱动的用户画像构建。

运用腾讯云AI算法对海量数据进行多维度分析：基础属性（年龄/性别/地域）、行为特征（访问频次/消费时段）、兴趣图谱（饮品偏好/周边产品关注度）、社交属性（社群活跃度/UGC内容）。通过K-means聚类算法将用户细分为"咖啡极客""场景体验者""礼品消费者"等12类群体。

2. 实体调研的场景化深耕

（1）沉浸式体验实验室。

在北京太古里旗舰店设立"咖啡创新实验室"，采用眼动仪、热力图传感器、RFID追踪等技术，记录消费者从进店到离店的完整动线。通过15秒间隔采样法，捕捉消费者在商品陈列区停留时长、商品触摸频率等微观行为数据。

（2）深度访谈的立体化实施。

组建专业人类学调研团队，采用"三层递进访谈法"。
第一层：收银台即时反馈（3分钟快速访谈）。
第二层：会员深度访谈（45分钟结构化访谈）。
第三层：咖啡社区焦点小组（每周主题研讨会）。

3. 数据整合与应用机制

建立"星巴克体验云"数据中台，实现线上线下数据的智能匹配。
（1）空间维度关联：将线上用户ID与线下门店POS系统、Wi-Fi探针数据连通。
（2）时间维度对齐：对比用户App预约时间与实际到店时间的Delta值分析。
（3）行为轨迹重构：整合小程序浏览记录与门店摄像头动线数据。

4. 策略成效与理论启示

通过双渠道协同调研，星巴克中国实现：

（1）产品开发周期缩短40%，2022年新品上市成功率提升至78%。

（2）会员体系3.0版本上线后，会员月活增长210%，客单价提升35%。

（3）门店场景改造后，下午茶时段客流密度降低22%但销售额增长18%。

该案例印证了传播学中的"媒介情境理论"在数字时代的演化——线上线下场景不再割裂，而是通过数据流构建起"混合现实"的传播场域。同时验证了营销学中的"O2O闭环增值模型"：线上数据指导线下体验优化，线下洞察反哺线上运营，形成价值创造的增强回路。

■ 课中任务

➤ 任务一：掌握网络调研方法进行线上调研

目标：通过设计并发布网络问卷，结合数据挖掘工具，完成对行业、用户或产品的初步调研。

1. 任务说明

以"校园外卖平台用户行为调研"为模拟场景，学生需完成以下四个步骤。

（1）设计并发布网络问卷。

（2）数据回收与清洗。

（3）简单数据分析与可视化。

（4）撰写调研小结。

2. 操作步骤与工具

步骤一：设计并发布网络问卷

① 问卷工具：问卷星/腾讯问卷。

② 问卷结构：

基础信息（2题）。

单选题：您的年级是？（大一/大二/大三/大四）

单选题：您每周点外卖的频率？（1～3次/4～6次/7次以上）

行为偏好（2题）。

多选题：您选择外卖平台时最关注的因素是？（价格/配送速度/商家评分/优惠活动）

评分题：您对当前外卖平台的满意度如何？（1～5分）

开放问题（1题）。

请描述您对外卖平台改进的建议。

③ 发布与回收：通过班级、学校微信群和互联网平台发布问卷，20分钟内完成30份有效回收。

步骤二：数据回收与清洗

① 数据导出：从问卷星/腾讯问卷导出Excel格式数据。

② 数据清洗：删除未完成的问卷（如答题时长＜30秒）。

检查异常值（如"每周点外卖频率"为"100次"）。

步骤三：简单数据分析与可视化

① 分析工具：Excel。

② 分析内容：

计算"最关注的因素"占比（示例：价格占50%）。

计算"平均满意度评分"（示例：3.8分）。

③ 可视化：

使用Excel生成饼图（如"最关注的因素分布"）。

使用Excel生成柱状图（如"各年级点外卖频率对比"）。

步骤四：撰写调研小结

内容框架：

调研目的。

数据来源。

核心发现。

改进建议。

3. 交付成果与评分标准

交付成果与评分标准如表2-1所示。

表 2-1 交付成果与评分标准

成果	要求	分值
网络问卷链接	包含至少6个有效问题，逻辑清晰	20
数据清洗后的 Excel 文件	删除无效数据，保留30份有效问卷	20
数据分析图表（2张）	含饼图与柱状图，图表清晰、数据准确	30
调研小结（300字）	含调研目的、数据来源、核心发现与改进建议	30

➢ 任务二：以"校园食堂用餐体验"为场景实施实地调研

目标：通过制订实地调研计划、实地考察并收集数据，完成一份完整的调研报告。

1. 任务说明

以"校园食堂用餐体验调研"为实地调研场景，学生需完成以下四个步骤：

（1）制订调研计划。

（2）实地观察与记录。

（3）数据整理与分析。

（4）撰写调研报告。

2. 操作步骤与工具

步骤一：制订调研计划

① 调研目标：了解学生对校园食堂用餐体验的满意度。

② 调研对象：随机选择10名在食堂用餐的学生。

③ 调研工具：

纸质记录表（记录观察数据）。

手机录音（用于简短访谈）。

步骤二：实地观察与记录

① 观察内容：

行为1：学生从进入食堂到完成点单的时间（秒）。

行为2：学生在用餐过程中是否使用手机（是/否）。

……

② 简短访谈：

问题1：您对食堂菜品的满意度如何？（1～5分）

问题2：您认为食堂最需要改进的地方是什么？

……

步骤三：数据整理与分析

① 数据整理：

将观察数据与访谈记录整理为Excel表格。

② 简单分析：

计算"平均点单时间"（示例：120秒）。

统计"使用手机比例"（示例：80%）。

汇总访谈中提及的改进建议（如"增加菜品多样性"）。

……

步骤四：撰写调研报告

报告框架：

调研背景。

调研方法。

核心发现。

改进建议。

3. 交付成果与评分标准

交付成果与评分标准如表2-2所示。

表 2-2　交付成果与评分标准

成果	要求	分值
调研计划书（200字）	含调研目标、对象、工具与方法	20
实地观察记录表	至少记录10名学生的行为数据	20
数据整理Excel文件	含观察数据与访谈记录，表格清晰	20
调研报告（500字）	含调研背景、调研方法、核心发现与改进建议	40

4. 教学支持

工具包提供：

问卷设计模板（含示例问题）。

观察记录表（预填示例）。

调研报告框架（含示例段落）。

课堂演示：

小组互评调研计划书（10分钟）。

■ 课后巩固

知识巩固

1. 填空题

（1）在网络问卷设计中，李克特量表主要用于测量用户的_____，而语义差异法则通过_____对比捕捉感知差异。

（2）《中华人民共和国个人信息保护法》规定的数据最小化原则要求研究者仅收集_____的数据。

2. 选择题

（1）与实地调研相比，以下哪项是网络调研的核心优势？（　　）

　　A．捕捉行为细节　　　　　　　　B．样本规模大

　　C．获取深度动机　　　　　　　　D．避免霍桑效应

（2）以下哪种方法适用于对访谈文本进行主题编码？（　　）

　　A．K-means 聚类　　　　　　　　B．生存分析

　　C．LDA 模型　　　　　　　　　　D．Z-score 标准化

（3）线上线下混合调研方法论的核心价值在于（　　）。

　　A．降低调研成本　　　　　　　　B．突破单一方法的局限性

　　C．简化数据分析流程　　　　　　D．提高问卷回收率

3. 简答题

（1）简述网络问卷设计中"漏斗式结构"的逻辑框架及其优势。

（2）比较定量分析与定性分析的核心差异，并说明二者如何互补。

（3）列举三种线下行为捕捉技术，并简述其适用场景。

（4）在数据清洗过程中，如何处理缺失值与异常值？

能力提升

1. 设计混合调研方案

以"校园图书馆数字化服务优化"为选题，设计包含以下内容的调研方案：

网络问卷（至少10题，含逻辑跳转）。

线下观察计划（观察维度与工具）。

数据整合方法（如交叉分析路径）。

2. 伦理合规报告撰写

针对"校园短视频使用习惯调研"，撰写一份伦理合规声明，需包含知情同意条款、数据匿名化方案及应急预案。

素养拓展

1. 隐私与数据安全反思

结合混合调研中的技术工具（如RFID、热力图传感器），分析其可能引发的隐私风险，并提出两条针对技术伦理不合规的治理建议。

2. 批判性思维讨论

有人认为"网络调研数据真实性低于实地调研"，请从方法论角度评述这一观点的合理性及局限性。

3. 团队协作模拟

假设团队需在3天内完成一项"校园外卖平台用户调研"，请设计分工框架（如问卷设计组、线下观察组、数据分析组），并说明如何避免"数据孤岛"问题。

延伸资源

使用问卷星设计一份"大学生社交媒体使用行为"问卷，发布后回收至少30份有效问卷，用Excel生成"使用频率分布图"并撰写简要分析。

第三章　新媒体传播项目选题

本章将从选题的原则框架与策略构建、市场需求的深度洞察与趋势研判、竞争对手的多维剖析与策略应对、选题的确定流程与细化要点等方面，论述新媒体传播项目选题的核心方法与实操路径。通过系统性方法论与案例解析，帮助学生掌握从创意生成到方案落地的全流程能力。本章内容覆盖了选题策划的关键环节，能够帮助学生提升选题的创新性与传播效能，具有较强的理论与实践意义。

■ 教学目标

知识目标

掌握新媒体传播项目选题的原则框架与策略构建。
理解市场需求的深度洞察与趋势研判的基本方法。
能够列举竞争对手分析的维度与工具。
掌握选题的确定流程与细化要点。

能力目标

能够依据传播目标与用户定位，设计并优化选题策略。
能够运用工具，分析市场需求与趋势走向。
能够独立完成竞争对手的多维剖析，提出差异化选题建议。
能够完整撰写选题方案，并通过图表与数据有效呈现决策依据。

素养目标

培养选题策划中的创新意识与用户导向思维，重视内容的社会价值与用户体验。
提升选题过程中的伦理意识，确保内容尊重文化多样性并避免数据滥用。
强化数据分析与趋势研判的批判性思维，培养理性决策能力。
提升团队协作能力，认同团队协作价值，积极参与选题策划与优化。

■ 课前自学

一、选题的原则框架与策略构建

在新媒体传播项目中，选题是内容生产的起点，更是传播效能的核心驱动力。一个成功的选题需要兼顾多维度的原则框架，既要满足用户需求与社会价值，又要具备技术可行性与商业可持续性。选题的原则框架应当以系统性思维为基础，将价值导向、数据驱动、创新性及可行性四个原则深度融合，形成科学的决策逻辑。以下从四个原则出发，结合实践案例与工具方法，系统阐述选题的原则框架与策略构建。

（一）选题原则框架

1. 价值导向原则

价值导向是选题的根基，决定了内容的社会意义与用户吸引力。选题需在用户价值、社会价值与商业价值之间找到平衡点，避免单向度的功利化倾向。用户价值要求内容能够解决实际痛点或提供情感共鸣，如为特定用户群体打造的实用指南或情感故事；社会价值则强调内容需符合主流价值观，传递正能量或推动社会进步；商业价值则需服务于品牌的核心目标，如提升品牌认知度或促进产品销售。这三者并非对立，而是可以通过精准的选题设计形成协同效应。例如，公益类选题既能解决社会问题，又能通过透明化传播提升品牌公信力，实现社会价值与商业价值的双赢。

● **案例：公益组织"免费午餐"的"乡村儿童营养计划"**

公益类选题是新媒体传播中兼具社会意义与传播效能的重要类型。公益组织"免费午餐"发起的"乡村儿童营养计划"选题，通过精准的内容设计与传播策略，实现了用户价值、社会价值与商业价值的闭环融合。

（1）用户价值：该选题直击乡村儿童的营养健康问题，通过提供免费午餐解决"吃不饱、吃不好"的实际困境，并通过短视频展示孩子们享用午餐的场景，唤起公众关注。

（2）社会价值：聚焦教育公平与儿童健康，传递"每个孩子都应享有平等成长机会"的价值观。定期发布项目进展数据（如覆盖学校数量、受益儿童人数），增强社会共识。

（3）商业价值：利用区块链技术记录捐款流向，确保资金透明；通过短视频、图文展示执行过程，提升品牌公信力，吸引更多企业与个人参与捐赠。

（4）价值闭环：用户（乡村儿童）获得实际帮助，社会（公众）形成对教育公平的关注，品牌（公益组织）则通过透明化传播提升影响力，实现多赢。

总体而言，这一案例展现了选题策划如何将社会意义与传播效能深度融合，为公益类选题提供了一种可复用的方法论。

2. 数据驱动原则

数据驱动是确保选题精准性与时效性的关键。在新媒体生态中，用户行为数据、行业趋势数据与竞品表现数据构成了选题决策的"三驾马车"。通过用户画像分析（即对用户年龄、性别、兴趣等特征的描述），可以明确目标用户的兴趣分层与行为模式；行业趋势监测工具（如百度指数、微信指数）则能捕捉实时热点，为选题提供方向指引；竞品表现数据分析则有助于避免重复劳动，通过拆解竞争对手的爆款内容结构，提炼出可复用、可借鉴的策略。数据驱动的核心在于将模糊的直觉判断转化为可量化的决策依据，但需警惕"数据陷阱"的存在。过度依赖历史数据可能导致创新性缺失，因此需结合人工研判，动态平衡数据与创意的关系。

● **案例：元气森林的"0糖0卡"健康饮品选题**

元气森林通过行业趋势监测与用户需求洞察，成功开辟了"0糖0卡"健康饮品赛道，成为行业创新的典范。在分析饮料行业竞品的用户差评数据时，元气森林发现"高糖饮品"是消费者主要槽点，许多用户抱怨传统饮料含糖量过高，导致健康问题。同时，健康饮食趋势的兴起（如"低糖""低卡"概念的流行）为品牌提供了市场机会。基于这一洞察，元气森林确立了"0糖0卡"的差异化选题方向，采用天然代糖（如赤藓糖醇）替代传统蔗糖，既保留甜味又降低热量。

在传播策略上，元气森林通过短视频、图文等形式科普"0糖0卡"的健康益处，吸引注重健康的年轻消费者。例如，在小红书、抖音等平台发起"0糖挑战"话题，鼓励用户分享饮用体验，形成裂变传播。凭借差异化定位与精准传播，元气森林迅速成为健康饮品赛道的领军品牌，销量实现爆发式增长，并促进了饮料行业的健康化转型。

3. 创新性原则

创新性是突破内容同质化竞争的核心武器，要求选题在形式、技术或视角上实现差异化突破。形式创新可通过多样化内容载体实现，例如，将传统的图文攻略转化为互动式HTML5或沉浸式短视频。技术创新则依托AIGC（人工智能生成内容）、VR/AR（虚拟现实/增强现实）等工具重构内容生产流程。视角创新的关键在于跨界融合，例如将复杂的专业知识与生活场景结合，降低用户理解门槛。创新并非盲目求异，而是基于用户需求的创造性表达。例如，将严肃的学术内容转化为幽默案例解说，既能保留知识密度，又能吸引泛知识用户。

● **案例：《人民日报》的"两会AR报道"**

《人民日报》推出的"两会AR报道"是新媒体传播中技术赋能内容创新的典型案例。它可以通过第一视角记录两会，并采用触摸或语音的操作方式在智能眼镜上高效率地完成拍照、录像及直播的工作。用智能眼镜拍摄现场画面时还能与后方的工作人员实现屏幕共享、实时互动的功能。这种沉浸式的内容体验不仅打破了传统图文报道的局限性，还显著提升了用户的参与感与信息获取效率。

"两会AR报道"的成功在于将严肃的政治内容与前沿技术结合，既保留了内容的权威性与深度，又通过互动形式降低了用户的理解门槛。这一创新选题不仅吸引了年轻用户的关注，还为传统媒体的数字化转型提供了新思路，展现了技术赋能下内容传播的无限可能。

4. 可行性原则

可行性原则是选题从规划走向落地的关键保障，要求内容策划者理性评估资源边界与技术限制。一项选题即便具备高价值与创新性，若超出团队的执行能力或资源预算，仍可能沦为纸上谈兵。可行性评估需聚焦四个维度：一是资源匹配度，包括人力、预算与时间成本。例如，小型团队若策划"全国城市探店"系列内容，可能因拍摄成本过高而难以持续，调整为"本地小众店铺挖掘"则更易落地；二是技术可实现性，如虚拟人直播选题需评估是否具备动作捕捉、实时渲染等技术储备；三是政策与伦理合规性，尤其是在敏感领域（如医疗、金融），需确保内容符合法律法规；四是团队协作效率，跨部门协作的选题需明确分工与流程。在实践中，可行性原则常通过"最小可行产品（MVP）"验证，即通过小范围试水快速迭代，有效控制试错成本。可行性原则的本质是在理想与现实之间找到平衡点，既不一味保守，也不好高骛远，而是通过阶段性目标实现稳健创新。

（二）策略构建路径

选题策略的构建需将四大原则贯穿始终，形成"目标拆解—需求洞察—创意生成—可行性验证"的闭环流程。这一路径通过系统化的方法论，确保选题从构想到落地的高效执行与动态优化。

1. 目标拆解

目标拆解是选题策略的起点，需基于SMART原则明确选题目标，并将其拆解为可执行的子目标。SMART原则要求目标具备以下五个特征。

（1）具体性（Specific）：目标需清晰明确，以避免模糊表述。例如，"提升用户参与度"应具体化为"提升短视频内容的点赞率"。

（2）可衡量性（Measurable）：目标需量化，以便评估进展与效果。例如，"每月新增1000名活跃用户"是可衡量的目标。

（3）可实现性（Attainable）：目标需在资源与能力范围内，以避免不切实际的空想。

（4）相关性（Relevant）：目标需与整体传播策略一致，以服务品牌或项目的核心诉求。

（5）时限性（Time-bound）：目标需设定明确的时间节点，以确保执行效率。

● **案例：基于SMART原则的"抖音科普挑战赛"选题策划**

背景：某科普类短视频账号希望提升用户参与度与增长粉丝，计划推出一系列趣味科普短视频，吸引更多年轻用户关注。以下是基于SMART原则的选题目标拆解与执行策略：

（1）具体性（Specific）

目标：提升用户对科普内容的参与度，并增加粉丝数量。

具体化：通过发起"趣味科学实验挑战赛"，鼓励用户观看、模仿并分享实验视频。

（2）可衡量性（Measurable）
量化指标：
挑战赛期间新增粉丝1万名。
视频平均播放量达到10万次。
UGC数量达到500条。

（3）可实现性（Attainable）
资源评估：账号团队具备短视频制作经验，且有科学领域的KOL合作资源。
预算与时间：投入2万元预算，用于视频制作与推广，活动周期为1个月。

（4）相关性（Relevant）
与品牌目标一致：科普内容符合账号"趣味科普"的定位，有助于提升用户黏性与品牌认知度。
与用户需求契合：年轻用户对趣味化、互动性强的内容有较高兴趣。

（5）时限性（Time-bound）
时间节点。
第1周：发布3条示范视频，启动挑战赛。
第2~3周：持续发布用户投稿视频，并进行互动。
第4周：总结活动成果，公布获奖用户。
执行策略。
内容设计：每期视频围绕一个简单易操作的科学实验展开，如"用醋和小苏打制作火山喷发"，结合幽默解说与视觉特效，增强趣味性。
用户互动：在视频结尾设置挑战任务（如"你也来试试这个实验吧！"），鼓励用户拍摄并上传自己的实验视频，带上指定话题标签。
激励机制：设置奖品（如科学实验套装）奖励参与用户，提升活动吸引力。
数据监测：通过短视频后台数据追踪视频播放量、点赞率、评论量及UGC数量，动态调整内容策略。

2. 需求洞察

需求洞察是选题策划的核心环节，旨在精准捕捉用户痛点与兴趣点。通过问卷、焦点小组、用户行为数据分析等方法，将用户需求划分为功能需求、情感需求与社交需求。功能需求关注用户对实用信息或服务的需求，情感需求聚焦用户的娱乐与情感共鸣，社交需求则强调用户的身份认同与社交互动。需求洞察的关键在于深入理解用户行为背后的动机，从而为选题策划提供方向指引。

3. 创意生成

创意生成是选题策略的灵魂，需借助工具与方法打破思维定式，探索多样化的内容可能性。思维导图有助于梳理选题方向，确保逻辑清晰；六项思考帽则从不同视角（如乐观、批判、创新）评估选题的可行性，避免单一思维局限。创意生成后，需结合ICE（Impact、Confidence、Ease）模型评估选题优先级，筛选出最具潜力的方向。

● 拓展：六项思考帽与ICE模型

（1）六项思考帽（Six Thinking Hats）

六项思考帽是由爱德华·德·博诺（Edward de Bono）提出的一种平行思维工具，六种不同颜色的"帽子"代表六种思维模式，帮助团队或个人从多角度系统化地分析问题，激发创意并优化决策。

① 六种思维模式。

白帽（事实与数据）：聚焦客观信息与数据，分析现状与已知事实。

红帽（情感与直觉）：表达主观感受、直觉与情绪反应。

黑帽（风险与批判）：识别潜在风险、问题与挑战，进行批判性思考。

黄帽（价值与乐观）：关注积极面，探讨机会、优势与潜在收益。

绿帽（创意与创新）：激发新想法、解决方案与创新可能性。

蓝帽（控制与总结）：管理思维过程，总结讨论结果并制订行动计划。

② 应用场景。

选题策划：通过多角度思维，全面评估选题的可行性、创新性与风险。

团队讨论：避免思维冲突，提升沟通效率与决策质量。

（2）ICE模型

ICE模型是一种优先级评估工具，用于对多个选项进行排序与筛选。通过影响力（Impact）、信心度（Confidence）和难易度（Ease）三个维度来量化和评估每个选项的优先级，帮助决策者聚焦高价值、易实施的方向。

① 评估维度。

影响力（Impact）：评估选项对目标的影响力或价值（如用户覆盖率、传播效果）。

信心度（Confidence）：评估对选项成功实施的信心程度（如数据支撑、团队能力）。

难易度（Ease）：评估选项实施的难易程度（如资源需求、时间成本）。

评分与排序。

每个维度按1~10分评分，计算总分（Impact × Confidence × Ease）。按总分进行排序，优先选择高分选项。

② 应用场景。

选题筛选：从多个选题方向中选出最具潜力且易实施的方案。

项目优先级：在资源有限的情况下，确定执行顺序与重点。

4. 可行性验证

可行性验证是选题落地的关键保障，旨在通过小范围试点或A/B测试，验证选题的可操作性。例如，在正式推出付费内容前，可通过免费试读章节收集用户反馈，调整内容定价与分发策略。可行性验证的核心在于快速试错与迭代，以确保选题在资源与能力范围内得到高效执行。

总体而言，选题策略的构建路径通过目标拆解、需求洞察、创意生成与可行性验证的闭环流程，将价值导向、数据驱动、创新性与可行性四大原则贯穿始终。这一系统化的方法论不仅为选题策划提供了科学指导，还为内容生产与传播奠定了坚实基础，确保选题从构想到落地的高效执行与动态优化。

二、市场需求的深度洞察与趋势研判

在新媒体传播中，市场需求的深度洞察与趋势研判是选题策划的重要基础。只有准确把握用户需求与行业趋势，才能制定出具有前瞻性与竞争力的选题策略。以下从需求洞察、趋势研判、工具与方法应用三个方面展开论述，帮助学生掌握市场需求分析的核心方法。

（一）需求洞察：从用户行为到心理动机

需求洞察的核心在于理解用户的行为模式与心理动机，从而挖掘潜在的内容需求。用户需求不仅包括功能需求（如获取信息、解决问题），还涵盖情感需求（如娱乐放松、情感共鸣）与社交需求（如身份认同、社群归属）。通过系统化的需求洞察，可以精准捕捉用户痛点与兴趣点，为选题策划提供方向指引。

1. 用户行为数据分析

用户行为数据是需求洞察的重要来源，包括用户的浏览记录、互动数据（如点赞、评论、分享）与消费行为等。通过分析这些数据，可以识别用户的内容偏好与使用习惯。例如，高播放量与高完播率通常表明内容形式符合用户喜好，低互动率可能提示内容缺乏吸引力或互动设计不足。数据分析的关键在于将抽象的用户行为数据转化为具体的用户需求。例如，可以通过用户停留时长判断内容的信息密度是否适中，或通过分享率来评估内容的社交传播潜力。

2. 用户画像构建

用户画像是基于用户基础属性（如年龄、性别、地域）与行为特征（如兴趣、消费习惯）构建的虚拟形象，用于精准描述目标用户。构建用户画像的过程包括数据收集、特征提取与标签化处理。例如,通过分析用户的社交媒体行为,可以提取"兴趣标签"(如美食、旅行、科技)与"行为标签"(如高频互动、低频消费)。用户画像不仅有助于明确目标用户,还能为内容形式与传播渠道的选择提供依据。

3. 深度访谈与焦点小组

深度访谈与焦点小组是定性研究的重要方法,它们通过面对面交流的方式,深入了解用户的需求痛点与情感诉求。深度访谈通常采用半结构化问题,引导用户自由表达观点;焦点小组则通过小组讨论激发多元观点碰撞。这两种方法的优势在于能够捕捉用户行为背后的深层次动机。例如,用户选择某一内容的原因、对现有内容的改进建议等。需求洞察的关键在于将定性研究与定量数据结合,形成全面、立体的用户需求图谱。

(二)趋势研判:从行业热点到未来发展方向

趋势研判旨在捕捉行业热点与未来发展方向,为选题策划提供前瞻性指导。行业趋势不仅包括内容形式与用户偏好的变化,还涉及技术革新与政策环境的影响。通过系统化的趋势研判,可以提前布局具有潜力的赛道,避免内容同质化竞争。

1. 行业报告与白皮书

行业报告与白皮书是趋势研判的重要参考资料,通常由权威机构或研究机构发布。这些报告涵盖行业整体发展趋势、用户行为变化、市场规模预测等内容,为选题策划提供宏观视角。例如,通过分析行业报告中的用户年龄分布与内容消费习惯,可以判断某一内容形式的生命周期与市场潜力。行业报告的优势在于数据权威、分析全面,但需结合具体业务场景进行解读与应用。

2. 热点监测工具

热点监测工具(如百度指数、微信指数)能够实时追踪行业热搜词与话题热度,为选题策划提供即时反馈。例如,通过监测某一关键词的搜索量变化,可以判断其是否为短期热点或长期趋势。热点监测的关键在于区分"噪声"与"信号",即识别出真正具有传播潜力的话题,而非追逐短暂的热点炒作。此外,热点监测还需结合用户画像与行为数据,确保选题方向与目标用户的需求契合。

3. 技术趋势分析

技术趋势分析关注新兴技术(如AIGC、元宇宙、虚拟人)对内容生产与传播的影响。例如,AIGC技术能够自动化生成文本、图像与视频内容,显著提升内容生产效率;元宇宙技术则通过虚拟场景与沉浸式体验重构用户交互方式。技术趋势分析的关键在于评估技术的成熟度与应用场景。例如,某一技术是否具备规模化应用的条件,或是否与目标用户的使用习惯匹配。通过技术趋势分析,可以为选题策划提供创新方向并探索技术赋能的可能性。

● **案例：抖音"知识类内容"崛起**

抖音通过趋势研判，捕捉到用户对知识类内容的需求增长。例如，通过分析平台内"科普""职场技能"等关键词的搜索量与互动数据，抖音发现年轻用户对"碎片化知识"有强烈需求。基于这一趋势，抖音推出了"知识内容创作者扶持计划"，鼓励内容创作者生产高质量的知识类内容，成功吸引了大量泛知识用户。这一案例展示了趋势研判在选题策划中的前瞻性作用。

（三）工具与方法应用

需求洞察与趋势研判需要借助多种工具与方法，以确保分析的准确性与全面性。常用的工具与方法有以下三种。

1. 数据分析工具

（1）百度指数：用于监测行业热搜词与话题热度，捕捉潜在选题方向。

（2）Google Analytics：用于追踪用户行为路径，识别需求缺口与兴趣点。

（3）清博大数据：用于分析竞品内容表现与用户反馈，提炼可借鉴的选题策略。

2. 用户调研工具

（1）问卷工具：如问卷星、腾讯问卷，用于收集用户需求与反馈。

（2）焦点小组：通过小组讨论深入了解用户心理动机。

3. 趋势预测模型

（1）PEST分析：从政治（Political）、经济（Economic）、社会（Social）、技术（Technological）四个维度研判宏观趋势。

（2）Gartner技术成熟度曲线：用于评估新兴技术的应用潜力与成熟度，判断其是否具备规模化应用的条件。

市场需求的深度洞察与趋势研判是新媒体传播选题策划的核心环节。通过用户行为数据分析、用户画像构建、深度访谈与焦点小组，可以精准地捕捉用户需求；通过行业报告与白皮书、热点监测工具与技术趋势分析，能够前瞻性地把握行业发展方向。结合数据分析工具与趋势预测模型，选题策划者可以制定出兼具用户价值与市场潜力的内容策略，为品牌与用户创造可持续的价值联结。

需求洞察与趋势研判不是一次性的工作，而是一个需要持续进行的动态过程。随着用户需求的变化与行业趋势的演进，选题策划者需要不断调整策略，确保内容始终与市场脉搏同步。通过系统化的需求洞察与趋势研判，新媒体传播项目不仅能够满足用户需求，还能在激烈的市场竞争中占据先机，实现传播效能的最大化。

三、竞争对手的多维剖析与策略应对

在新媒体传播中,竞争对手的多维剖析是制定选题策略的重要环节。通过对竞争对手的内容策略、传播模式与用户反馈进行系统化分析,可以明确自身优势与劣势,找到差异化竞争的突破口。以下从竞争对手分析的核心维度、方法论与策略应对三方面展开论述,帮助学生掌握竞争对手剖析的核心技能。

(一)竞争对手分析的核心维度

竞争对手分析需从多个维度展开,全面评估其内容策略、传播效果与用户反馈。核心维度包括以下三个方面。

1. 内容矩阵分析

内容矩阵是指竞争对手在不同平台、不同形式下的内容布局。通过分析内容矩阵,可以了解竞争对手的内容类型、发布频率与形式创新。例如,某竞争对手在抖音平台以短视频为主,而在微信公众号则以深度长文为主。内容矩阵分析的关键在于识别竞争对手的内容优势与短板,如某一内容类型是否具有较高的用户黏性,或某一形式是否具备创新性。

● **案例:B站与抖音的内容矩阵对比**

B站与抖音作为两大视频平台,其内容矩阵存在显著差异。B站以长视频与深度内容为主,涵盖动漫、游戏、知识分享等领域,用户黏性较高;抖音则以短视频与娱乐化内容为主,涵盖舞蹈、搞笑、美食等领域,用户覆盖面广。通过分析两者的内容矩阵,可以发现B站的优势在于深度内容与社区文化,而抖音的优势在于娱乐化内容与算法推荐。

2. 传播策略解码

传播策略包括内容分发渠道、KOL合作模式与用户互动设计。通过分析竞争对手的传播策略,可以了解其如何通过多平台协同放大内容影响力。例如,某竞争对手通过与垂直领域KOL合作,提升内容的专业性与权威性;或通过社交媒体话题互动,增强用户参与感。传播策略解码的关键在于识别竞争对手的核心传播逻辑,如是否依赖算法推荐、是否注重UGC等。

● **案例:小红书与微博的传播策略对比**

小红书与微博在传播策略上存在显著差异。小红书注重UGC(用户生成内容)与社区互动,通过"种草笔记"与"达人推荐"增强用户黏性;微博则注重热点话题与KOL传播,通过热搜榜与话题互动放大内容影响力。通过分析两者的传播策略,可以发现小红书的核心逻辑是"用户共创",而微博的核心逻辑是"热点驱动"。这一案例展示了传播策略解码在竞争对手剖析中的重要性。

3. 用户反馈分析

用户反馈是评估内容效果的重要指标，包括点赞、评论、分享等互动数据。通过分析用户反馈，可以了解竞争对手内容的受欢迎程度与用户满意度。例如，某竞争对手的视频播放量高但评论量低，可能表明内容缺乏互动设计；或某竞争对手的评论区频繁出现负面评价，可能提示内容质量存在问题。用户反馈分析的关键在于将数据转化为可操作的洞察（Actionable Insights），如通过用户评论提炼改进方向。

● **案例：知乎与豆瓣的用户反馈对比**

知乎与豆瓣在用户反馈上存在显著差异。知乎通过问答形式吸引用户参与，用户反馈以理性讨论为主；豆瓣则通过小组讨论与影评吸引用户参与，用户反馈以情感表达为主。通过分析两者的用户反馈，可以发现知乎的优势在于专业性与知识密度，而豆瓣的优势在于情感共鸣与社区氛围。

（二）竞争对手分析的方法论

竞争对手分析需要借助系统化的方法论，以确保分析的全面性与准确性。常用方法包括：

1. SWOT 分析

SWOT分析是一种经典的战略分析工具，用于评估竞争对手的优势（Strengths）、劣势（Weaknesses）、机会（Opportunities）与威胁（Threats）。例如，某竞争对手的优势可能是内容形式创新，劣势可能是用户黏性不足；机会可能是某一新兴内容形式的崛起，威胁可能是政策环境的变化。SWOT分析的关键在于将内部因素（优势与劣势）与外部因素（机会与威胁）结合，形成全面的竞争策略。

2. 竞品内容矩阵扫描

竞品内容矩阵扫描是对竞争对手内容布局的系统化梳理。通过扫描内容矩阵，可以识别竞争对手的内容类型、发布频率与形式创新。例如，某竞争对手在短视频平台以娱乐化内容为主，而在知识分享平台则以深度内容为主。竞品内容矩阵扫描的关键在于识别竞争对手的内容策略逻辑，例如是否注重跨平台协同，或是否注重内容形式的多样化。

3. 用户行为数据对比

用户行为数据对比是通过分析竞争对手与其用户的互动数据，识别差异与机会。例如，通过对比点赞率、评论率与分享率，可以了解竞争对手内容的用户黏性与传播效果。用户行为数据对比的关键在于将数据转化为可操作的洞察。例如，通过高分享率来识别内容的社交传播潜力，或通过低完播率识别内容的信息密度问题。

（三）策略应对：差异化竞争与创新突破

基于竞争对手分析的结果，可以制定针对性的策略应对方案，实现差异化竞争与创新突破。具体包括以下四个策略。

1. 错位竞争

错位竞争是通过避开竞争对手的强势领域，聚焦其未覆盖或薄弱的内容方向。例如，某竞争对手在娱乐化内容领域占据优势，可以选择聚焦知识类或垂直领域内容，形成差异化定位。错位竞争的关键在于精准捕捉市场空白。例如，通过用户需求分析识别未被满足的需求。

2. 内容形式创新

内容形式创新是通过引入新技术或新形式，打破内容同质化竞争。例如，利用AIGC技术自动化生成个性化内容，或通过VR/AR技术打造沉浸式体验。内容形式创新的关键在于评估技术的成熟度及其应用场景的适应性。例如，某一技术是否具备规模化应用的条件，或是否与目标用户的使用习惯匹配。

3. 用户互动设计优化

用户互动设计优化是通过增强内容的互动性与参与感，提升用户黏性与传播效果。例如，在短视频结尾设置互动问题，鼓励用户评论与分享；或通过直播形式与用户实时互动，增强内容的情感连接。用户互动设计优化的关键在于理解用户的心理动机。例如，通过互动设计满足用户的社交需求或心理需求。

4. 跨平台协同传播

跨平台协同传播是通过整合不同平台的传播优势，放大内容影响力。例如，在抖音平台发布短视频吸引用户关注，在微信公众号发布深度长文提供详细解读，在微博平台发起话题互动增强用户参与感。跨平台协同传播的关键在于根据各平台的特点来设计内容形式。例如，短视频适合娱乐化内容，而长文则适合深度分析。

竞争对手的多维剖析与策略应对是新媒体传播选题策划的重要环节。通过内容矩阵分析、传播策略解码与用户反馈分析，可以全面评估竞争对手的优势与劣势；通过SWOT分析、竞品内容矩阵扫描与用户行为数据对比，可以系统化识别竞争机会与威胁；通过错位竞争、内容形式创新、用户互动设计优化与跨平台协同传播，可以实现差异化竞争与创新突破。

竞争对手分析并非一次性任务，而是需要持续进行的动态过程。随着市场环境与用户需求的变化，竞争对手的策略也会不断调整。因此，选题策划者需保持敏锐的市场洞察力，及时调整策略，确保内容始终与市场脉搏同步。通过系统化的竞争对手剖析与策略应对，新媒体传播项目不仅能够在激烈的市场竞争中占据先机,还能为用户创造持续的价值,实现传播效能的最大化。

四、选题的确定流程与细化要点

在内容传播领域,选题的确定是策略性工作的起点,直接影响后续内容生产、传播效果与用户触达效率。这一过程需遵循系统性流程,并通过科学方法对选题进行细化,确保其既符合用户需求,又具备市场竞争力。

(一)选题确定流程

1. 目标用户分析

目标用户分析是选题策划的首要环节。传播者需通过定量与定性结合的方式,明确目标用户的人口统计学特征(如年龄、性别、地域分布)与心理统计学特征(如价值观、兴趣偏好、媒介使用习惯)。例如,针对Z世代群体,需关注其对短视频、互动性内容及亚文化符号的敏感度;而针对高知人群,则需侧重内容的深度与权威性。在此阶段,可借助用户画像工具(Persona Modeling)或社交媒体数据分析平台(如微博指数、抖音巨量算数)提取关键标签,形成精准的用户需求图谱。

2. 市场调研与趋势分析

市场调研与趋势分析旨在通过外部环境扫描,识别内容创作的红利空间与潜在风险。传播者需系统收集行业报告(如《中国网络视听发展研究报告》)、竞品案例分析及舆情监测数据,提炼出当前市场的内容空白点与用户未被满足的需求。例如,在短视频领域,需关注平台算法规则的迭代趋势(如抖音从娱乐化向知识类内容的倾斜),以及政策导向对选题的限制(如泛娱乐化内容的监管收紧)。此外,趋势分析工具(如Google Trends、新榜行业洞察)可帮助捕捉实时热点,为选题注入时效性价值。

3. 头脑风暴与创意发散

头脑风暴与创意发散强调通过协作机制激发创新思维。此阶段需组建跨职能团队(包括内容策划、数据分析、视觉设计等角色),采用结构化创意方法(如SCAMPER替代法、六顶思考帽)打破思维定式。例如,针对传统文化传播选题,可通过"旧元素新组合"策略,将戏曲与电子音乐混搭,或通过"极端化联想"探索非遗技艺与元宇宙场景的融合可能。创意产出后需经多维度筛选:一是与品牌/项目核心价值的契合度,二是执行可行性(如技术实现成本、政策合规性),三是差异化潜力(避免同质化竞争)。

4. 选题可行性评估

选题可行性评估是从理想化创意到落地执行的转化枢纽。传播者需建立量化评估模型,涵盖资源投入(人力、预算、技术)、风险系数(政策风险、舆论风险)及预期收益

（传播量、转化率、品牌美誉度）三大维度。例如，某品牌在计划推出虚拟偶像代言人选题时，需评估3D建模成本、用户对虚拟IP的接受度，以及可能引发的"去人格化"争议。此阶段可借助决策矩阵工具，对备选方案进行优先级排序，最终形成包含时间节点、责任分工与应急预案的执行蓝图。

（二）选题细化要点

1. 主题明确与核心聚焦

主题明确与核心聚焦要求选题具备清晰的传播内核。传播者需提炼出"一句话核心主张"，例如"通过国潮设计唤醒年轻群体对传统文化的认同"。主题设计需遵循"金字塔原理"，即上层价值观（如环保、平等）与下层具象化表达（如可重复使用包装、女性职场故事）形成逻辑闭环。同时，需避免信息过载，通过"减法思维"剔除冗余元素，确保用户能在3秒内捕捉核心信息。

2. 内容形式适配与组合创新

内容形式适配与组合创新强调根据媒介特点选择最佳载体。例如，微博适合话题事件与图文快讯，B站侧重中长视频与深度解读，小红书依赖高审美视觉与体验式分享。进阶策略是通过"内容形式矩阵"实现协同效应：以科普选题为例，可在抖音发布15秒实验快剪，在微信公众号推出图文详解，在知乎发起行业专家问答，最后通过直播进行实时互动。这种多形态内容不仅覆盖不同场景下的用户需求，还能通过平台间跳转（如视频号嵌入微信公众号）增强用户黏性。

3. 故事化叙事与情感动员

故事化叙事与情感动员是提升内容感染力的关键。传播者需构建包含"冲突—转折—共鸣"的叙事弧线（Story Arc），例如环保议题可通过"传统工艺消亡危机—青年设计师创新破局—文化传承新范式建立"的三幕式结构展开。在情感设计方面，可运用"共情触发器"（如婴儿图式、逆境抗争场景）激活用户的镜像神经元。同时，需注重符号系统的构建，包括视觉符号（如特定色彩搭配）、语言符号（如网络流行语改编）与行为符号（如挑战赛手势），通过多模态刺激来强化记忆点。

4. 数据驱动的动态优化机制

数据驱动的动态优化机制要求建立"监测—分析—迭代"的闭环体系。在传播前期，可通过A/B测试对比不同选题方向的用户点击率与完播率；中期利用热力图分析用户注意力分布，优化内容节奏；后期则需关注长尾效应，挖掘二次传播节点（如优质UGC内容）。此外，需引入归因分析模型（Attribution Modeling），区分不同渠道对最终转化（如下载、购买）的贡献度，为资源调配提供依据。值得注意的是，数据解读需避免"唯流量论"，应综合考量品牌安全、社会价值等非量化指标。

● 案例：B站《后浪》宣传片选题策划

2020年，B站推出宣传片《后浪》。《后浪》宣传片的成功，离不开B站精准的选题策划与用户洞察。在策划初期，B站通过用户数据分析发现，其核心用户群体为18～30岁的年轻人，这一群体具有强烈的文化多元性与自我表达需求，但社会对年轻一代存在"标签化"认知，认为他们"佛系""躺平"。基于这一洞察，B站确立了"为年轻一代正名"的核心选题方向，旨在通过内容传递对年轻人的认可与鼓励，打破社会偏见。

在选题细化阶段，B站围绕"年轻一代的多元选择与无限可能"这一主题，设计了极具感染力的叙事结构。宣传片以"前浪"与"后浪"的对话形式展开，通过展示年轻人多样化的生活方式（如旅行、电竞、艺术创作等），构建了"冲突—转折—共鸣"的叙事弧线。冲突在于社会对年轻人的误解，转折在于展现年轻人的创造力与活力，共鸣则通过"你们有幸遇见这样的时代，但时代更有幸遇见这样的你们"等金句，激发用户的情感认同。

此外，B站在内容形式上进行了创新，将传统的品牌宣传片升级为一场"文化事件"。宣传片不仅在B站内发布，还通过微博、微信等多平台扩散，形成全网热议。同时，B站利用平台内的弹幕文化，鼓励用户参与互动，进一步增强了内容的传播力与用户黏性。

这一案例充分体现了选题策划中"价值导向"与"创新性"的结合，既传递了社会价值，又通过创新的叙事形式与传播策略，成功触达目标用户，成为现象级传播事件。

近年来，选题策划正从经验主导型向数据智能型演进。随着生成式AI技术在语义分析、趋势预测领域的应用，未来选题生成可能实现"人机协同"——算法提供基础素材库，人类负责价值判断与创意升华。同时，随着元宇宙场景的兴起，预计将涌现出"跨次元叙事"等新型选题范式。但无论技术如何迭代，"用户洞察为锚点、内容质量为内核、动态调优为保障"的基本原则都构成选题策略的底层逻辑。

■ 课中任务

➤ 任务一：确立选题原则策略

目标：依据传播目标与用户定位确定选题导向与创意生成途径。
操作步骤如下。

1. 传播目标拆解

明确核心目标（如品牌曝光、用户转化、口碑塑造），量化指标（如曝光量≥100万次、转化率≥5%）。
使用SMART原则细化目标，确保目标可衡量、可实现。

2. 用户画像构建

通过用户调研（如问卷、焦点小组）或平台数据分析（如抖音巨量算数、微博指数），提取人口统计学特征（年龄、地域）与行为偏好（内容类型、活跃时段）。

输出用户画像卡，标注核心需求与痛点（如Z世代偏好"短平快"内容，职场人群关注效率工具）。

3. 选题导向匹配

将目标与用户画像结合，制定选题关键词库（如"国潮""职场干货""黑科技"）。

使用决策矩阵，按优先级排序选题方向（如"情感共鸣>知识科普>娱乐性"）。

4. 创意生成方法

采用SCAMPER模型（替代、合并、改造）进行创意发散。例如，将"传统文化"与"元宇宙"结合，策划虚拟非遗展览选题。

组织跨部门头脑风暴，产出10个以上候选选题。

（1）工具建议。

用户画像工具：XMind、Tableau。

创意生成工具：Miro协作白板、SCAMPER模板。

（2）交付成果。

①《选题原则策略报告》（含目标拆解、用户画像、关键词库）。

②《创意池清单》（标注优先级与可行性评级）。

➢ 任务二：分析市场需求与趋势走向

目标：分析市场热点与发展趋势对选题的影响与启发。

操作步骤：

1. 行业数据采集

收集权威行业报告（如《中国网络视听发展研究报告》）、第三方数据平台（QuestMobile、新榜）的垂类内容趋势分析。

抓取社交媒体平台（微博、小红书）的实时热搜词与话题标签，提炼高频关键词。

2. 趋势识别与预测

使用PEST分析模型（政治、经济、社会、技术）来分析宏观环境对选题的影响，例如政策鼓励"乡村振兴"主题，可策划相关三农内容。

通过微信指数等工具，识别搜索热度的周期性规律（如"考研"话题每年10月达到峰值）。

3. 需求空白点挖掘

对比市场供给（竞品内容）与用户需求（评论、弹幕关键词），绘制需求—供给矩阵，定位低竞争、高需求的蓝海领域。

4. 趋势适应性测试

对热点选题进行小范围AB测试（如头条号微头条与长文），监测点击率与互动率，验证市场接受度。

（1）工具建议。

趋势分析工具：百度指数、飞瓜数据。

数据可视化：Power BI、Flourish。

（2）交付成果。

《市场需求分析报告》（含趋势图谱、蓝海领域清单）。

> 任务三：剖析竞争对手选题策略

目标：解读竞争对手选题思路，寻求差异化选题突破点。

操作步骤：

1. 竞品池筛选

按垂直领域（如美妆、科技）与粉丝量级（头部、腰部）选择3~5个核心竞品账号。

使用SimilarWeb或新榜，分析竞品的内容更新频率与爆款率。

2. 内容矩阵拆解

分类统计竞品选题类型（如教程类、测评类、剧情类），绘制内容分布雷达图。

提取爆款内容的共性特征（如标题结构、关键词密度、视觉风格）。

3. SWOT 分析

对比自身与竞品的选题优劣势。

4. 差异化策略制定

采用蓝海战略四步框架（剔除—减少—增加—创造）。

（1）工具建议。

竞品分析工具：新榜、蝉妈妈。

可视化工具：Canva、Lucidchart。

（2）交付成果。

①《竞品选题策略拆解报告》。

②《差异化选题行动方案》。

> 任务四：确定并细化选题方案细节

目标：筛选确定选题，制定详细的内容框架与呈现形式。

操作步骤：

1. 选题优先级排序

使用ICE模型（影响力、信心度、难易度）对候选选题评分。

2. 内容框架设计

（1）按金字塔结构搭建内容逻辑：核心论点→分论点→案例/数据支撑。

（2）针对不同平台优化结构：

① 公众号。开头"痛点提问+数据锚点"（如"90%的人不知道……"）。

② 抖音。3秒悬念开场+15秒解决方案。

3. 形式与资源匹配

制定内容形式清单（图文、短视频、直播），分配资源（预算、人力、技术）。

例如，高成本3D动画用于核心IP内容，低成本图文用于日常更新。

4. 风险评估与预案

使用FMEA模型（失效模式分析），预测选题执行风险（如政策敏感、用户争议），制定应对策略（如备选选题库、舆情监测机制）。

（1）工具建议。

① 项目管理工具：Trello、Notion。

② 风险评估工具：FMEA模板、SWOT矩阵。

（2）交付成果。

①《选题执行计划表》（含优先级、资源分配、时间节点）。

②《内容框架与形式设计文档》。

课后巩固

知识巩固

1. 填空题

（1）选题策划的四大原则包括_____、_____、_____和_____。

（2）在需求洞察中，用户画像的构建需要提取_____和_____类特征。

（3）在趋势预测模型中，PEST分析模型包括_____、_____、_____和_____四个维度。

2. 选择题

（1）以下哪项不属于选题策划的核心原则？（　　）

  A. 价值导向　　　　　　　　B. 数据驱动

  C. 技术优先　　　　　　　　D. 可行性

（2）在竞争对手分析中，以下哪项是常用的方法论？（　　）

  A. SWOT 分析　　　　　　　B. 竞品内容矩阵扫描

  C. 用户行为数据对比　　　　D. 以上都是

3. 简答题

（1）简述"价值导向原则"中用户价值、社会价值与商业价值的协同关系。

（2）举例说明"数据驱动原则"在选题策划中的应用场景。

（3）如何通过"创新性原则"避免内容同质化？请结合案例说明。

（4）简述"可行性原则"在选题落地中的重要性，并列举评估可行性的四个维度。

能力提升

1. 案例分析

分析《狂飙》电视剧的多平台传播策略，说明其如何通过抖音、微博、B站等平台实现"全域渗透+圈层引爆"的立体化传播体系。

2. 工具应用

使用ICE模型对某新媒体传播项目的3个候选选题进行优先级排序，并撰写《选题优先级评估报告》。

3. 策略优化

结合某品牌的新媒体传播项目，设计一套KOL效果未达预期的优化策略，包括问题诊断、优化路径和对赌协议。

4. 内容设计

使用SCAMPER模型（替代、合并、改造）为某公益项目生成3个创新选题，并设计详细的内容框架与呈现形式。

5. 风险评估

针对"虚拟偶像代言"选题，列出可能的风险（如技术成本、用户接受度），并设计应急预案（如备选真人代言方案）。

素养拓展

1. 伦理与创新

在数据驱动选题中，如何避免"数据陷阱"（如过度依赖历史数据导致创新性缺失）？请结合实例说明。

2. 未来趋势探讨

元宇宙技术将如何改变内容选题策略？试从"跨次元叙事""虚拟场景互动"等角度提出设想。

3. 团队协作与沟通

假设你是某品牌选题策划团队负责人，需在15分钟内制定跨平台选题方案。请列出团队分工框架（角色、职责、协作流程），并说明如何避免"一刀切"内容分发。

延伸资源

1. 数据分析实践

使用百度指数或微信指数，监测某一热点话题（如"乡村振兴"）的搜索趋势，输出趋势图谱及关键词分析报告。

2. 文献阅读与思考

阅读《数字化生存》第一章，结合书中观点分析AIGC技术如何重构"内容生产权"，撰写一篇800字读后感。

3. 政策与合规研究

收集近期"平台经济反垄断"相关政策文件，归纳其对新媒体行业的影响，并提出三条企业合规建议。

第四章 新媒体传播策划蓝图

当下,新媒体环境日新月异,新的技术、平台和趋势不断涌现,丰富了人们获取信息的渠道和方式,极大地提高了信息的时效性和传播率,给人们的生活和工作带来了深远的影响。与此同时,技术的更新也为信息传播和文化交流带来了挑战,例如,新媒体平台上大量内容雷同,同质化现象严重,深度内容往往被边缘化;信息过载,其中不乏虚假和误导性信息,这些问题都会导致新媒体和平台的公信力下降,严重损害互联网环境。因此,在当今数字化时代,新媒体传播策划具有极其重要的作用,通过整合数字化平台与内容战略,紧跟市场需求,及时调整传播策略和方案,持续输出高质量、有价值的内容。

■ 教学目标

知识目标

理解新媒体传播策划的基本概念和重要性。
掌握策划方案撰写的基本框架和关键要素。
了解不同平台账号的定位原则,学会根据平台特点和目标用户进行精准定位。
熟悉内容策划与设计的基本流程,包括主题确定、内容形式选择等。

能力目标

能够独立撰写完整的新媒体传播策划方案。
能够根据目标用户和平台特点,进行账号定位规划。
能够设计出具有吸引力和传播力的内容策划方案。

素养目标

培养对新媒体传播策划的兴趣和热情。
增强对新媒体传播趋势的敏感度和洞察力。
在策划过程中注重创新思维,勇于尝试新事物和新方法。
培养团队合作精神,学会与他人协作共同完成策划任务。

■ 课前自学

一、策划方案撰写精要

在新媒体传播领域,无论是项目推进还是商业运营,一份出色的策划方案,其意义早已远超单纯"文档"的范畴，成为整合资源、凝聚共识、推动价值提升的战略利器。作为行动的指南和实施的蓝图，策划方案的重要性不言而喻。因此，构建一个全面化、系统化的策划框架显得尤为重要。这个框架如同项目的"骨骼系统"，不仅为项目提供结构支撑，确保各要素之间系统化的组合，还能通过动态调优机制和要素协同效应，提前化解要素间的冲突点，保障策划内容有效落地。

动态调优机制是策划框架的一大特点，虽然构建框架可以给策划过程提供清晰的思路和坚实的结构，确保策划的一致性和连贯性，但它也并非一成不变。相反，一个优秀的策划框架可以在当下快速变化的市场中，具备一定的灵活性和适应性，根据预设的规则进行实时监控并触发动态调优机制。这意味着策划者可以根据市场动态、用户需求及数据分析等快速调整策略，以达到更好的传播效果和营销目标。例如，在新媒体平台发布一系列广告之后，可以对市场反馈数据、用户行为数据等进行收集和分析。如果观察到某个平台的用户参与度显著低于其他平台，需对各个传播渠道的特点及用户画像进行分析。基于这些分析结果，品牌决定缩减该平台的资源投入，并将原本分配给该平台的资源转移到其他用户参与度高、传播效果好的平台上。这种在渠道选择上的动态优化是基于数据驱动的决策过程，既保证了策划资源的高效投放，优化了整体营销效果，又给品牌带来了更高的投资回报率。本节将聚焦"策划方案撰写精要"，系统拆解策划方案的核心技巧和底层方法论，切实将策划语言转化为可落地、可量化的行动蓝图，提升读者撰写策划方案的能力与实战水平。

（一）背景分析与目标设定

在新媒体传播策划的初始阶段，背景分析与目标设定是两个至关重要的环节，为我们整个策划方案奠定了坚实的基础。在策划方案逻辑链条中，背景分析是战略决策的起点，需要更加深入地了解项目所处的宏观环境及微观环境。宏观环境分析通常涵盖政治、经济、社会、技术等方面，通过对这些行业环境、政策导向、市场趋势，以及技术应用状况等动态数据的捕捉，为策划方案注入"环境适应力"。例如，政策调整可能触发市场格局重构，衍生新的市场机遇或挑战；经济周期波动将暴露项目资本结构的脆弱性，对项目的资金筹措和成本控制产生影响；而社会认知范式的迁移及技术的革新则可能解构传统的价值链，促使项目的市场需求与实施方式发生转变。微观环境分析是一个全面而细致的过程，侧重于关注竞争对手的实时动态，多维度剖析消费群体的实际需求，以及关注供应链的运作效率与稳定性等层面。基于对这些核心要素细致入微地考察，结合SWOT分析（优势Strengths、劣势Weaknesses、机会Opportunities、威胁Threats），能更加精准地把握市场的脉搏，为策划方案提供具有针对性的市场定位及宝贵的数据支撑。

基于全面的背景调研成果，我们深入洞察了目标市场的需求导向和潜在机遇，同时对竞争对手的市场布局和策略短板有了清晰的认知。在此基础上，目标设定成为撰写策划方案的核心环节。目标设定的SMART原则（具体性Specific、可衡量性Measurable、可实现性

Attainable、相关性Relevant、时限性Time-bound）为我们的策划工作构建了一套科学合理的目标管理框架，其核心价值在于将一些模糊、抽象的战略愿景转化为明确、可实施、易追踪的战术执行方案。

（1）目标的具体性是指设定目标要从泛化到具体场景细化，即在思考或规划某一议题时，必须将具体的量化目标传达给执行者。例如，不应笼统地说"提升品牌曝光量"，而应明确锁定具体的新媒体平台（如抖音、小红书、微博等）、内容形式，以及用户场景。

（2）可衡量性是目标必须呈现可量化的数据来衡量进度和成果预期，即能通过具体指标来追踪策划的效果。例如，在新媒体内容营销的效能检测中，可以通过以下4个关键指标来衡量内容热度和营销成效：

① 曝光量（阅读量）可衡量内容的覆盖广度，真实反映内容的用户规模；

② 点赞量呈现用户的正面反馈次数，即对内容的认可程度；评论量映射出用户的深度参与度与互动意愿；

③ 分享量作为评估潜在传播力的显性指标，其数值本质上反映了内容在社交网络或用户群体中的共鸣度、吸引力，以及用户作为主体传播的意愿强度，成为内容创作者评估内容效果、调整和优化传播策略的重要依据；

④ 转化率直接反映了用户从"围观"到实际行动的转化比例，它是衡量营销活动最终成败的关键指标。

简言之，通过对这些数据进行综合分析和考量，可以准确地了解内容的表现效果和用户反馈情况。

（3）可实现性要求目标的设定需在合理的空间和时间范围内将计划深度植入策划方案，即充分考虑资源配备情况、团队能力范围及市场环境，确保目标的执行效率与落地实施。

（4）相关性是指目标应紧密对接整体业务目标和市场策略，精准锚定，避免偏离核心目标而导致资源空耗。当然，遵循相关性原则并不是简单的对应关系和刻板匹配，而是在策划传播内容时，深入洞察目标用户的使用场景及真实需求，实现传播内容的有效触达和转化。

（5）时限性作为SMART原则的核心要素之一，其价值不仅在于为各个目标设定清晰明确的截止时间，以确保任务按时完成，更在于通过具体的时间规划来优化资源配置，激励用户积极参与，从而有效应对内容因时效性过时而导致的信息质量下降问题。

综上所述，背景分析和目标设定是新媒体策划方案撰写的起点和基础，通过对市场环境、媒体发展趋势、用户需求等全面的审视和梳理，我们得以更加精准地把握策划的外部环境和内在需求，为新媒体传播策划提供科学合理的参考依据。同时，只有遵循SMART原则合理设定目标，才能真正实现策划由理论迈向实践的有效落地，为后续框架构思与策略制定奠定坚实的基础。

（二）策略规划与执行细节

基于前文所述的背景分析与目标设定，我们已经深入了解了当下新媒体环境的现状和发展趋势，对用户群体的内容偏好也有了清晰的认知。这些认知为制定详细的传播策略提供指引。此传播策略涵盖内容策略、互动策略、渠道策略等，旨在构建一个全方位、多层次的传播体系。

精准选择新媒体传播渠道，需充分调研目标用户偏好、运营目标及媒体影响力等因素。首先，通过分析不同新媒体平台（包括社交媒体平台、短视频平台及直播平台等）的特征，确保信息能有效覆盖到用户群体。例如，小红书主要以图文分享为主，适合轻量化的时尚、美妆、生活方式等领域的推广，其用户画像较为明确，主要是年龄集中在18~35岁、具有较高的消费欲望和购买能力的年轻女性。结合小红书内置购物功能，用户可以在浏览时完成从"种草"到"下单"的过程，实现了转化闭环。其次，还需加强各个新媒体平台之间互联互通，形成具有一定规模的传播矩阵。通过整合不同渠道的资源，让流量在不同平台之间得以有序流转，以此构建一个全方位、多触点的营销生态，增强品牌知名度及用户黏性。

同时，为了确保策划方案有条不紊地进行，还需制订一个详尽的执行计划。这个计划不仅包括时间线规划，提供详细的工作流程和时间节点，以指导我们按时完成各阶段的任务，还将任务模块化并细分到个人，确保每个团队成员都明确自己的分工和职责。此外，通过合理的预算编制与精确的预算执行能最大限度地实现成本效益最大化，各项活动在既定的财务框架中运行，避免了资源的闲置和浪费。

二、平台账号定位规划

在信息分享的新媒体生态中，平台账号定位已经超越了简单的信息发布范畴，转化为品牌在数字经济下的战略基石和差异化标识。通过精准的定位设计和内容策划，运营者能在算法中精准锚定目标人群，将零碎的信息传播转化为稳定的用户资产积累。

（一）账号定位

在这个信息过载的时代，账号定位的关键在于建立自身独特的认知符号，让用户在海量信息面前能迅速识别并记住该账号。同时，由于传统的单向传播模式已无法满足用户需求，所以运营者要将双向互动和价值共享作为账号运营的核心策略。这意味着我们要积极构建双向互动关系，持续强化与用户之间的情感联结。

明确账号定位是规划账号发展路径的首要步骤，本质上围绕三个问题展开：你是谁？为谁服务？如何与众不同？也就是你需要思考你的账号将面对哪些用户群体，为他们提供怎样的内容与服务。这些内容与服务会给用户带来哪些独特价值或者体验。因此，我们需要构建一条从用户需求到内容输出的完整逻辑链。首先，确定账号的主题领域直接决定内容的创作方向和范围。这涵盖从知识科普到休闲娱乐，从主流推广到新兴赛道，从实用辅助工具到心灵情感共鸣的广泛领域。运营者可以根据自身优势选择垂直细分领域进行内容推广，同时，可以引入创新的内容形式和服务模式，如短视频创意挑战、直播中的即时互动及社交化电商平台等，为用户提供更加多元化的交互体验。

在此基础上，我们需要勾勒目标用户画像，找到精准人群。这里包括年龄、性别、地域、职业、爱好、在线行为特征等信息。了解用户的年龄层次可以洞察他们对于信息的接收方式、消费观念等，性别差异往往能提升策划内容的精准度和传播效能。例如，女性占优的平台（如小红书、蘑菇街）侧重于场景化"种草"，用户对情感叙事和具有视觉美感的内容互动率高，如图4-1所示。

图 4-1　小红书场景化"种草"

而男性占优的平台（如B站、知乎）着重强化专业属性，用户更倾向于工具性、实用性内容（如技术拆解、参数对比）。通过分析用户的在线行为特征，主要包括用户的社交媒体偏好、浏览习惯及活跃时段等。这些信息有助于选择合适的传播渠道、优化内容发布时间。通过多维数据交叉分析，能够更加精准地把握用户的心理脉搏，透过表层识别情感驱动因素。例如，看似关注"健身运动"的背后，可能隐藏着"逃避现实压力"和"职场形象焦虑"的深层动机。因此，立体鲜明的用户画像有利于我们有针对性地制定营销策略，创作出与用户相适配的内容，以此提高内容的传播效果和转化率。

（二）账号内容风格

在明确了账号的主题领域和目标用户后，还需要进一步思考账号的内容风格。内容风格是新媒体账号的"名片"，直接反映账号的品牌调性和核心价值观，直接影响用户对账号"角色身份"的认知一致性。此外，作为数字媒介传播的核心要素，内容风格除了要通过构建一致性的视觉呈现、语言表达及叙事模式来建立用户认知，还需寻找差异化突围路径，在信息洪流中建立属于自己的品牌印记。因此，无论是专业严谨、易于理解的科普表达，还是幽默诙谐、贴近生活的日常分享，都要重视对内容创意点的挖掘与差异化的表达，以独特的视角和深度的分析奠定信任基础、提高用户黏性。例如，李子柒的账号自创建初期，就有着明确的定位，本质上是以现代影像技术解构传统文化，即以东方美学为核心，展示田园牧歌般的美好生活。其中，传统烹饪智慧出现了58次，生态可持续理念出现了76次，手工技艺传承出现了42次，[①]契合了当下社会对传统文化的回归和重视。这种高质量、

---

① 上述数据截止至2024年年末，统计数据未经精准核验。

诗意化的表达方式不仅突出了账号本身的特色和优势，有效规避了内容同质化现象，而且具有深远的文化内涵。因此，把握账号的风格定位需要时刻思考如何在激烈的市场竞争中脱颖而出，以何种独特的方式呈现内容，并与用户保持长期的沟通与互动。

三、内容策划与设计纲要

在媒体融合的潮流中，尽管技术不断创新、媒体平台不断涌现，但"内容为王"始终是新媒体的核心竞争力。在各类新媒体平台的"吸睛"指数达到一个高峰之后，谁拥有有价值、有深度的优质内容，谁就掌握了吸引用户、塑造品牌形象、实现商业成功的秘诀。因此，我们需要结合市场趋势和用户需求，构建优化后的内容结构和表现形式，从而在新媒体平台上创造出能够传递价值、引发情感共鸣并且能够持续发酵影响力的传播内容。

（一）内容主题与创意构思

1. 内容主题：多元融合与深度聚焦

当下，信息传播的速度与广度正以前所未有的态势改变着人们的生活和工作方式。作为新媒体传播策划的核心要素，内容主题的构建不仅承载着信息的精髓，更是激起情感共鸣与价值认同的催化剂，对内容主题的跨界融合与精准定位成为每个运营者必修的课题。

首先，当前用户群体的特征日益多元化，具体表现在文化背景、兴趣爱好、信息获取方式等各不相同。在媒体融合的背景下，传统媒体与新媒体之间的界限越来越模糊，跨界融合不仅可以打破不同领域之间的界限，帮助内容创作者在不同的领域进行尝试和探索，实现优势互补与资源共享，还能将不同领域的文化、元素、内容融合在一起，以此拓宽内容主题的广度，提升内容的包容性和综合性。

其次，在信息过载、内容爆炸的时代，每天产生的碎片化信息量已经远远超出个人能够处理的能力范围。面对海量的信息，人们迫切需要一种高效的筛选和过滤机制，来确保自己接收到的信息是有意义、有价值的内容。因此，我们需要深度聚焦某一主题，探索其背后的历史脉络、文化内涵与社会价值，对信息进行一次"精筛"，让用户的注意力聚焦于那些真正富有探讨价值和理解深度的领域。同时，主题的设定要有一定的创新性和前瞻性，还需要充分考虑内容的可持续性和延展性，确保后续能够围绕此主题进行多维度、高层次的内容创作。

2. 创意构思：高度创新和低维实践

在商业竞争日趋激烈的当下，许多内容创作者或局限于"用数据填充模板"的浅层逻辑，或沉溺于"创意自嗨"的无效表达，最终让方案沦为纸上谈兵的空洞宣言。他们往往忽视了将深刻的市场洞察、精准的用户分析与创新的内容策略相结合，导致内容虽然看似华丽，但难以触及目标群体的情感深处，更无法将其转化为实际的商业价值。为打破这一困境，内容创作者需要勇于突破传统框架，采取一种更为全面且注重实效的方法体系。首先，为了精准地把握目标市场的现状与发展趋势，内容创作者需深入剖析数据并透彻理解消费者需求，挖掘出真正激发用户共鸣的话题和痛点。这要求内容创作者紧密围绕用户和品牌调性进行构思，以用户为导向不断测试与迭代，并尝试以新颖、独特的表达方式和互动模式传达品牌信息，为内容注入无限的创意与活力。在追求新颖创意时，可以利用技术助力作品，结合前沿技术，如增强现实（AR）、虚拟现实（VR）、大数据分析、人工智能（AI）等，为人们的创意蓝图注入科技活力，增强用户的沉浸感与互动体验。其次，艺术表现也是创意表达中不可缺少的一环，内容创作者要善于运用叙事技巧来构建引人入胜的故事框架，通过精细的视觉设计营造丰富的视觉层次与情感氛围，以此提升内容的艺术性与观赏性。最后，要注重创意的可操作性与落地性，结合实际情况，制定切实可行的实施方案，以确保创意能够转化为实际成果。

（二）内容表现形式

1. 纯文字式

纯文字是新媒体内容最基础的表现形式，包括评论、文章、新闻等。文本类内容要求文案内容简洁明了，逻辑清晰。创作此类作品时需注重文字的精炼和逻辑性，确保主题鲜明，内容易懂。同时，合理的段落划分、字号选择和字体设计也是提升阅读体验的关键。

2. 图片呈现式

图像包括照片、插图、漫画、图表等，是新媒体内容中不可或缺的一部分。图片呈现式是一种通过图像来传递信息的表现形式，它比文字更具直观性和吸引力。图片应与文案主题紧密相关，且需保证图片的质量和清晰度。海报文案和H5文案（即HTML5格式网页文案）是图片呈现式的典型代表，它们要求图片创意独特，信息传达准确，文案内容简洁明了。

3. 图文融合式

图文融合式是将文字与图片相结合的表现形式，既能发挥文字的解释说明作用，又可以增强文案的视觉效果。在图文融合时，需注重文字与图片的协调性和互补性，合理安排文字和图片的比例和位置，使文案内容更加生动、易懂。在图文融合式内容中，新媒体创作人员可选择产品图、数据可视化图、手绘图或表情包等作为文案配图，使其与正文的文字内容相辅相成。

4. 语音传达式

语音传达式主要是通过声音元素来传递信息，如音乐、播客、有声书等。音频内容的传达具有伴随性，用户可以在进行其他活动时收听。语音应清晰流畅，富有感染力，能够吸引用户的注意力并传达内容的主题。语速和语调的变化也是语音传达式文案中需要注意的方面，以更好地传达情感和信息。

5. 视频展示式

视频展示式是一种通过视频内容来呈现信息的表现形式，具有直观性强、沟通性好的特点。视频内容应与文案主题相符，且需注重视频的质量和时长，以吸引用户的注意力并保持其观看兴趣。随着移动互联网和视频技术的不断发展，视频展示式内容在新媒体网络推广领域越来越受欢迎，成为各大平台上的热门表现形式。

6. 多媒体组合式

多媒体组合式是指将多种表现元素如文字、图片、语音、视频等有机融合在一起的表现形式。这种形式的内容呈现丰富多样，能够根据主题和内容灵活选择并组合不同的表现手段。例如，可以采用"文字配图片""文字加语音""图片结合视频"或"文字、图片、视频三者兼具"等多种方式，以充分满足用户多样化的阅读需求。

（三）内容制作与发布计划

内容制作与发布计划是连接创意构思与实际成效之间的"中枢神经"，扮演着至关重要的角色。它既要保证内容生产的效率和精确性，又要为内容的艺术化表达预留足够的弹性空间，以激发用户的情感共鸣与深度参与。这一环节的核心在于通过细致地规划"内容生命周期"的每一个环节——从选题策划的初步构思、素材制作的精细加工到发布环节的精准把握，最终在用户心中建立起深刻的品牌认知。然而，在算法驱动的媒体环境中，即使内容再优质，若未能准确把握发布的时间节点（如避开平台流量低谷）、适应不同的展示空间（如根据抖音的竖屏特点和B站的横屏偏好进行差异化剪辑），以及对用户行为的预判（如针对职场人士在午休时间的活跃性进行推送），也可能被海量的数据所淹没。因此，内容创作者需在有限的资源条件下，紧密地跟踪热点趋势，以实时数据作为动力源。同时，以平台特点为基准，深度解析用户行为图谱，实现传播效能的最大化。这样，每一条内容不仅是创意人员智慧火花的展现，更是整个系统协同作战、精准投放的利器。

1. 内容制作

在当前互联网新媒体时代，内容运营已成为市场营销的主流方式。然而，随着新媒体的快速发展，内容运营正面临日益严重的同质化问题，其内容形式和活动方式变得愈发雷同。因此，为了摆脱这一困境，除了依赖传统的时间、季节、节假日和突发事件等切入点来创造话题或活动，以及采用奖励机制来吸引用户互动之外，探索新的内容策略、实现内容运营的创新，已成为当前内容运营亟待解决的关键问题。根据品牌定位与用户需求，定制符合用户兴趣和需求的内容策略，并在此基础上设定一系列相关且连贯的主题。例如，如果用户喜欢短视频，可以增加短视频内容的发布频率；如果用户对某个特定话题感兴趣，可以围绕该话题展开系列内容创作。同时，紧跟时事热点与行业动态亦是制定高效发布策略不可或缺的一环。时事热点能够迅速吸引公众目光，而行业动态则反映了市场的最新趋势与公众的关注焦点。巧妙地将内容与这些热点相结合，不仅能够增加内容的时效性与话题性，还能借此东风，扩大内容的传播范围，激发更多潜在的互动与讨论。

在"内容为王"的当下，新媒体运营并不仅仅是内容的创作与输出，更重要的是通过内容的传播，使用户对产品或服务信息产生认知与认同，从而塑造品牌形象。因此，内容运营人员必须高度重视内容的质量，不能只是简单地复制/粘贴，而应不断提升内容的原创性，形成自己独特的风格，以此来吸引和积累粉丝。特别是在信息泛滥的新媒体时代，只有那些质量上乘、能够为用户带来独特价值的内容，才能吸引用户的注意力，引发他们的共鸣，甚至促使他们主动参与内容的传播，实现更加高效、优质的口碑传播效应。

2. 发布计划

内容发布策略的具体制定是一个综合考量多方面因素的过程，旨在确保内容能够精准、高效地触达用户，并在他们心中留下深刻印象。在制定发布策略时，首要考量的是精准对接目标用户的活跃周期与偏好倾向，选定最佳发布时段。这意味着我们必须深入研究用户的日常行为习惯，明确他们上网的高峰时段，掌握他们喜欢的内容类型，以及能够触动他们情感共鸣的话题。基于对用户活跃时间的深入分析，可以制定一个详细的发布时间表，将制作好的内容按照策划的发布时间和频率进行发布。发布时间表需要精确到具体的日期与时间点，以便在用户最为活跃的黄金时段进行内容的推送。在正式发布内容之前，还需要对内容进行预先浏览与最后检查，确保无错别字、错误图片或版权争议，并根据平台的要求和标志，对内容的排版和尺寸进行相应调整，以确保其在不同平台上的展示效果均符合标准。此外，我们要为每个发布时段预留一部分缓冲时间，以应对诸如内容审核时间延长等可能发生的状况，确保发布计划能够顺利且高效地执行。

通过把握这些细微差别，我们能够确保内容在用户注意力最为集中和感兴趣的时间点推送，从而显著增强他们的关注度和参与度。这样的策略不仅有助于提升内容的传播效果，还能加深用户对品牌的认知和记忆，为品牌赢得更多的关注与喜爱。因此，内容制作与发布计划必须更加注重时间、空间与用户行为的精准匹配。这意味着要避开平台的流量低谷期，选择最佳的发布时机，要根据不同平台的展示特点，如抖音的竖屏视频与B站的横屏视频，进行差异化的剪辑与呈现，还要深入洞察用户的行为模式，如职场人群在午休时间的活跃性，从而精准触达目标用户。

■ 课中任务

➢ 任务一：撰写策划方案基础框架

编写一个项目的新媒体传播策划书，涵盖目标、流程、预算等要素。

1. 项目背景与目标设定

阐述项目发起的背景、市场环境及竞争态势。设定清晰、可量化的传播目标。

2. 分析目标用户

构建用户画像：详细描绘目标用户的年龄、性别、兴趣、消费习惯等特征。

需求分析：分析用户的信息需求、偏好及互动习惯，为内容策划提供依据。

3. 策划流程与预算编制

流程规划：明确策划、制作、发布、监测及评估等各阶段的任务与责任人。

时间节点：设定关键任务的时间表，确保项目按时推进。

预算编制：详细列出策划、制作、推广等各项费用，确保预算合理。

➤ **任务二：确定平台账号定位与搭建**

1. 结合品牌与用户，设定平台账号风格

视觉风格设计：根据品牌调性与用户偏好，设计账号的头像、封面、色彩搭配等视觉元素。

语言风格定位：确定账号的文案风格，如正式、幽默、亲切等。

2. 主题确定与内容规划

主题确定：基于品牌核心价值与用户需求，确定账号的主要发布主题，如产品介绍、行业动态、用户故事等。

内容规划：规划不同主题下的具体内容，包括图文、视频、直播等形式。

3. 运营模式制定

发布频率与节奏：设定账号的发布时间表。

互动机制建立：设计有效的用户互动机制，如问答、投票、抽奖等。

➤ **任务三：设计内容规划与呈现形式**

规划内容系列主题、表现形式与发布时间表，确保连贯性。

■ **课后提升**

知识巩固

（1）新媒体传播策划：通过整合数字化平台与内容战略，紧跟市场需求，调整传播策略以输出高质量内容，解决同质化、信息过载等问题。

（2）SMART 原则：目标设定需满足具体性（Specific）、可衡量性（Measurable）、可实现性（Attainable）、相关性（Relevant）、时限性（Time-bound），如"3个月内通过抖音短视频将品牌曝光量提升50万次"。

（3）账号定位三要素：明确"你是谁""为谁服务""如何与众不同"，需结合用户画像（年龄、性别、行为特征等）与平台特点（如小红书侧重女性种草，B站侧重强化专业属性）。

（4）内容策划框架：涵盖主题跨界融合与深度聚焦、创意构思（技术+艺术表现）、多元形式（图文、视频、多媒体组合）及发布节奏优化。

能力提升

1. 案例

选取一个成功新媒体账号，分析其定位策略、内容风格与用户互动机制，撰写500字报告。

2. 模拟策划

以"校园文创产品推广"为主题，分组撰写新媒体传播策划方案，需包含目标设定、平台选择及账号视觉设计、内容日历。

3. 数据解读

提供某品牌新媒体运营数据（如曝光量、点赞率、转化率），分析传播效果并提出优化建议（如调整发布时间、更换内容形式）。

素养提升

书籍阅读：《爆款内容方法论》

延伸资源

（1）报告平台：艾瑞咨询/QuestMobile行业报告。

（2）工具推荐：石墨文档（协作撰写策划案）、Canva（视觉设计）、飞瓜数据（新媒体数据分析）。

第五章　新媒体传播内容创作

■ **教学目标**

知识目标

理解新媒体内容的基本构成和传播特点。
掌握文案撰写的基本原则和创意构思方法。
了解图片选择和处理的基础知识。
熟悉视频脚本构建和镜头设计的核心要素。
熟悉音频录制和音乐与音效搭配的基本要点。

能力目标

能够撰写具有吸引力和表达力的文案。
能够熟练运用图片编辑工具对图片进行美化和处理。
能够编写视频脚本并设计合理的镜头方案。
能够掌握视频拍摄和剪辑的基本技巧。
能够进行音质清晰的语音录制和契合的音乐与音效搭配。

素养目标

培养对新媒体内容创作的兴趣和热情。
提升感知用户需求和审美偏好的敏感度。
在创作中融入个人情感和创意,增强作品感染力。
培养耐心和细心,注重细节把握,追求完美。
培养团队合作精神,学会与他人协作共同完成创作任务。

■ **课前自学**

一、图文内容创作要诀

(一)文案撰写中的技巧与策略

在新媒体时代到来之前,文案的传统载体主要局限于报纸的版面空间、海报的展示区域,以及电视节目的插播时段,这些传统媒体曾是文案传播的主要渠道,承载着向大众传递信息和推广产品的功能。然而，随着新媒体的蓬勃兴起，文案的传播环境发生了翻天覆地的变化。越来越多的企业开始将目光投向新媒体平台，利用这些新兴渠道撰写并发布文案，以此作为营销宣传的重要手段。只有深入了解新媒体文案的特点、平台规则及写作技巧，才能撰写出既符合市场需求又具有创意的文案作品，从而在新媒体环境中脱颖而出，实现有效的营销传播。

1. 文案构思的创意艺术

在撰写新媒体文案时，创意与思维至关重要。通过运用文案的创意性表达方式，可以有效地将产品或品牌的独特卖点、创新概念及核心价值理念相融合，并以明确的方式展现，这一过程涉及将产品或品牌无缝融入文案之中，甚至将其转化为文案的核心元素，从而诞生出兼具创意与质量的优秀文案作品。

在互联网时代，信息传播速度极快，许多新媒体文案往往难以逃脱用户潜意识层面的筛选，难以真正进入他们的注意范围。这通常是因为文案内容要么平淡无奇、缺乏足够的吸引力，要么容易被遗忘，无法给用户留下深刻印象。究其根本，这些文案之所以未能打动人心，是因为缺乏创意。

2. 语言风格的选择与运用

在撰写文案时，至关重要的是，要确保所选语言风格与平台所属行业的特点及其订阅用户的特征紧密相连。这种紧密相连的必要性在于，不同行业的平台运营往往面对着具有鲜明差异的目标用户。为了吸引并留住这些特定的目标用户，采用一种与他们心灵相通的语言风格变得极为重要。我们通常可以通过设置不同的标签来细化分析目标用户，如年龄、性别、地域、兴趣偏好等，这些标签在选择内容的语言风格时都应予以充分考虑和匹配。因此，语言风格不仅要与行业及其目标用户相符，还要确保文章内容能够被读者真正理解和接受。在进行内容运营时，应力求让文章语言接地气、通俗易懂。否则，只会让读者感到阅读疲惫，进而失去继续阅读或分享的欲望。

下面介绍四种常见的文案风格。

（1）庄重风格。

这种风格常用于庄重或官方场合，诸如企业宣传手册、广告招牌及正式电子邮件等。在这些场景中其文案倾向于采用书面语言，风格严谨、精炼且规范。例如，"精心打造高端社区，为您提供理想的居住环境。"

（2）幽默风格。

此风格在娱乐性质较强的平台上广受欢迎，如品牌宣传、公共演讲以及社交媒体等多种场合都非常适用。幽默文案能跨越性别与年龄界限，因其完美契合网络文化的轻松氛围和调侃方式而受到网民喜爱。

（3）休闲风格。

这种风格多见于轻松愉悦的传播媒介，如广告宣传片或短视频。文案多采用口语化表达,语言直白易懂,便于大众快速理解。例如,"来吧,跟我们一起探索那些藏在街角巷尾的特色美味,让味蕾来一场说走就走的旅行!"

(4)情感共鸣风格。

该风格常用于激发情感共鸣的场合,如公益广告或宣传片。它特别适合那些贴近用户生活或主打温情路线的品牌,旨在触动人心。例如,"暴力不是解决问题的方式,和平与理解才是我们共同的语言。"

在当今社会,互联网已成为人们日常生活中不可或缺的一部分,合理巧妙地运用网络语言能够更容易地拉近与读者的距离,让读者产生亲切感和熟悉感。因此,内容运营者不仅要熟悉网络语言,更要懂得如何恰当巧妙地运用这些网络语言,并将其充分融入自己的内容运营中。换句话说,可以调整内容的逻辑结构,只要确保前后连贯且合理即可,关键是要让文章既符合行业特点,又贴近目标用户的阅读习惯,同时运用恰当的语言风格,以达到最佳的传播效果。

3. 文案表达技巧的深度剖析

(1)关键词的精准布局。

巧妙地布局关键词是提升文章曝光率的关键所在。成功的营销活动文章,其核心在于巧妙融入与产品营销紧密相关的关键词,并以通俗易懂的方式让读者自然而然地接纳其中的广告信息。可以说,缺乏关键词精准布局的文章,其营销价值将大打折扣。众多运营者都已意识到这一点,但实施效果却大相径庭。那些取得显著成效的运营平台,需要凭借技巧,通过精准且合理的关键词设置,从而赢得高曝光率,实现营销目标。

(2)时事热点的勤捕捉。

在新媒体时代,信息如潮水般涌来,各行业的创作者为了"吸引眼球"费尽心思。紧跟时事热点成为他们提升内容吸引力的常用策略。毕竟,热门话题总能轻易吸引大众的关注。无论内容领域如何,搭上热点快车,都能大大提升打造爆款文案的成功率。

● 案例:江小白:一个凭借文案走红的品牌

江小白酒业有限公司自2011年创立以来,就打破了传统白酒品牌高端、正式的刻板印象,将目标精准锁定在年轻消费群体,并致力于为他们提供周到的服务。江小白的成功秘诀,很大程度上得益于其独树一帜的营销手段。公司利用互联网平台,紧密围绕年轻人的兴趣爱好,成功塑造了一个融合社交、情感与文化元素的年轻品牌形象。江小白的包装设计也与传统白酒大相径庭。其瓶身设计新颖独特,印有各式各样的语录,语录内容围绕当下与未来、思念、自由、爱情等年轻人热衷的话题展开,这些话题紧贴年轻人的实际生活。这种特有的"表达瓶"设计,通过文字抒发情感,同时又分享着生活哲理,让消费者在品尝白酒的同时,也能感受到生活的温馨和情感的深度,为白酒赋予了全新的内涵和价值。

以下是江小白的经典语录。

"我们总是走得太急,却忘了出发的目的。"

"所谓孤独,不过是无人共饮这一壶酒。"

"把故事往心里收,把回忆往酒里揉。"

"走过一些路,才知道辛苦;登过一些山,才知道艰难;蹚过一些河,才知道跋涉;喝过一些酒,才知道陶醉。"

"我是江小白,生活很简单。""最怕不甘平庸,却又不愿行动。"

"无畏的逐梦人孤独出发,路途中有你有酒不孤单。"

这些语录深深触动消费者的内心情感,直击灵魂深处,自然而然地与年轻人产生共鸣。即便你不是白酒的爱好者,也没有购买过江小白的产品,但很可能仍会被其语录所吸引,因为觉得"江小白真正理解我"。江小白作为一个备受瞩目的白酒品牌,其成功得益于创新的营销策略和独到的品牌理念,成功赢得了年轻人的青睐和信任。这一成就并非偶然,而是源于对市场趋势的精准洞察和对年轻人需求的深刻理解。

(二)图片处理中的艺术与技巧

众所周知,视觉元素在信息的传达过程中占据了至关重要的地位,无论是社交媒体上的资讯分享,还是发布微博内容,抑或是制作演示文稿,我们都可以巧妙地运用视觉元素来更为丰富、直观地展现信息内容。其中,图片是重要的视觉元素之一。

图片也是构建吸睛平台的关键元素。若将运营平台比作一个团队,其中每个功能与设置都是团队不可或缺的一员,那么图片无疑是这个团队中的颜值亮点,引领视觉的焦点。对于从事新媒体行业的人员而言,掌握图片处理技术是一项基本能力。熟练运用这些技术,可以极大地增强新媒体内容的视觉魅力,有效吸引用户注意,提升用户参与度,进而增加内容的点击量。编辑人员可以根据自己的技能水平,选择如Photoshop这样功能强大的图像处理软件对图片进行后期处理,使图片更加吸引人。

1. 图片的选取

(1)像素清晰。

在选择图片时,应注重其分辨率,确保图像足够清晰。模糊的图片会降低整体美感,影响信息的传达效果。为了提高图片的清晰度,我们可以访问如花瓣、Unsplash、Pexels等专门提供高清美图资源的网站。

(2)风格统一。

图片的选取必须与作品的主题或内容紧密契合,以便增强内容的表达力,使读者通过视觉元素更直观、更深刻地理解主旨内容。同时,为了保持作品风格的连贯性,应避免使用风格差异过大的图片。例如,一件作品中不可突然出现风格迥异的图片,试想从一幅细腻的古代山水画突然过渡到一张充满现代元素的恶搞漫画,这样的风格跳跃会让读者感到"不搭调",难以对作品产生认同感。此外,在选择图片的颜色时,也需要考虑其与文章内容的协调性,这是图片细节处理中不容忽视的一个方面。若作品传达的是沉重或正式的信息,那么选取与之相匹配色调的图片就显得尤为重要,如倾向于深色系的图像。相反,若在此类内容中插入色彩过于鲜明跳跃的图片,则可能会削弱作品的整体氛围和效果。

(3)注意版权问题。

通常情况下,为了避免版权纠纷,建议选用不带水印且属于开放版权范畴的图片作为配图。同时,使用者要尊重版权,在合法授权使用版权图片的情况下,应当保持图片原有的版权相关信息不变,甚至在必要时,还应明确标注图片的来源出处,以明示尊重版权并遵循合法使用原则。

2. 图像编辑与美化

在新媒体运营中,企业与个人都深刻认识到,图片作为内容的点睛之笔,对于吸引读者注意力至关重要。一张精心挑选并经过巧妙处理的图片,不仅能显著提升作品的魅力,还能成为吸引读者点击、沉浸阅读乃至主动分享的核心驱动力。因此,掌握图片美化技巧,使图片独具特色,已成为新媒体运营者不可或缺的能力之一。

利用图像处理软件进行后期处理是一种极为常见且有效的方法。新媒体平台运营者在拍摄完照片后,若对图片的某些方面不太满意,如色彩不够鲜艳、构图不够完美或存在瑕疵等,都可以选择借助图像处理软件对图片进行美化。例如,在图像编辑流程中,裁剪、缩放及旋转等基础编辑操作可以调整图像的尺寸、形态及倾斜角度,以此适应不同平台的呈现模式。对亮度、对比度及饱和度等色彩属性进行精细调整,能极大地优化图像视觉表现,使之更加亮丽且富有层次感。利用图像处理软件细致清除图像中的噪点、杂点等瑕疵,并强化细节展现,是提升图像品质的关键途径。借助丰富多彩的滤镜与特效手段进行美化与创新加工,不仅能够赋予图像更高的艺术品位,还能激发无限想象,使图像作品具有独特的魅力与个性。运营者可以根据个人喜好或文章风格对图片进行个性化处理,从而使图片更加符合文章主题,更具吸引力,如图5-1所示。

当然,在进行图片处理时,也需要注意保持图片的真实性和自然性,避免过度美化导致图片失真或产生不真实感。同时,也要尊重图片的版权和使用规定,确保所使用的图片来源及使用方式合法,避免侵犯版权或违反其使用要求。只有这样,才能真正发挥图片在新媒体运营中的点缀与美化作用,吸引更多读者的关注和喜爱。

3. 图片适配标准

在选择每张图片时,都应深思熟虑。应挑选最适合的图片格式来制作图片。此外,内容创作者可依据品牌的定位和读者的阅读习惯,灵活调整图片的大小。调整图片大小,主要是为了优化读者的阅读体验,避免因图片过大,导致读者消耗过多流量或图片加载时间长。根据排版或显示需求,调整图片的大小和比例以适应不同的展示空间,如图5-1所示。

图 5-1 人民日报的微博图文

二、视频内容创作指南

（一）脚本创作核心

1. 视频脚本的故事构建

在信息爆炸的时代背景下，故事构建是一种沟通艺术，可展现出其独特的魅力。"故事化"的脚本相较于传统脚本，拥有更好的传播力。它巧妙利用人类天生对故事的热爱，有效削弱用户对广告的抵触情绪，以一种精妙的手法吸引用户的注意，深入其内心，并极有可能留在用户的记忆中。一个引人入胜的故事，往往蕴含着悬念、冲突、阻碍、对比与转折等元素。而那些堪称绝妙的故事，既具有普遍性，触及每个人的共鸣点，又极具个性化色彩，让人感到独特、新奇。尤为重要的是，品牌元素应巧妙地融入故事，成为故事不可或缺的一部分。

故事性是创意展现的关键要素，众多备受追捧的网络视频均深谙此道。精心构思视频内容的开篇、发展及收尾,或打造情节跌宕起伏的故事情节,以有效吸引用户的注意并维持用户的关注度。此外,为了迅速积累人气,还可以紧跟时事热点,巧妙地将这些元素融入内容创作与策划之中,用"借势"的技巧提升视频的影响力。

2. 镜头设计与节奏把控

在脚本创作的过程中,镜头设计与节奏把控是两个至关重要的环节,它们共同构成了作品视觉效果和叙事。镜头设计作为脚本的视觉表达形式,是创作者与观众沟通的桥梁。它不仅关乎画面的构图、光影的运用,更在于通过镜头的切换、运动轨迹及视角的选择来引导观众的视线、传递情感并营造氛围,如图5-2所示。

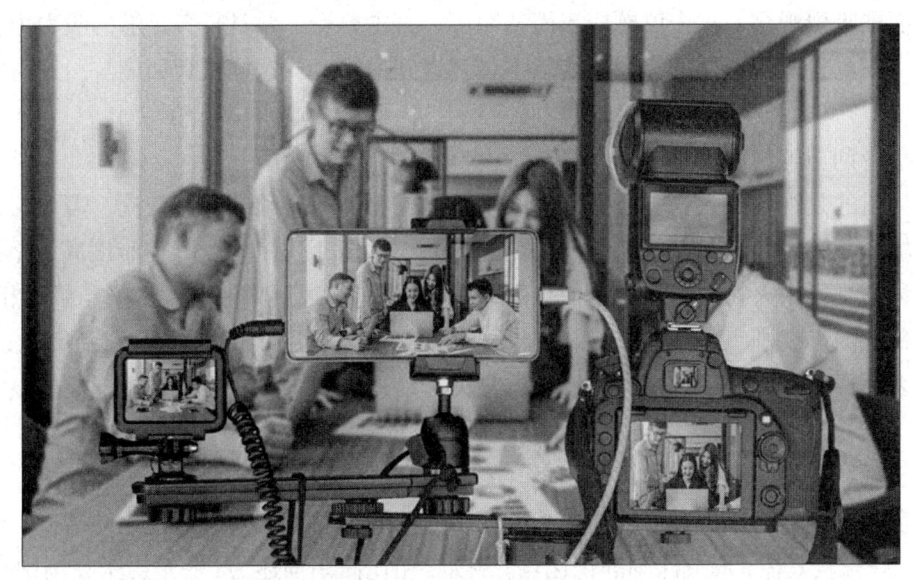

图 5-2　镜头视角的选择

每一组长短镜头的影像选择、景别的切换,都需精心考量,以确保能够准确表达剧本的意图,同时增强故事的视觉冲击力。例如,在紧张刺激的情节中,快速切换的短镜头可以加快节奏,提升观众的紧张感;而在温馨浪漫的场景中,长镜头与柔和的光影则能更好地展现情感的细腻与深度。节奏把控是脚本叙事的脉搏,它决定了故事推进的速度和观众的情感体验。节奏的快慢、张弛有度,直接关系到观众能否被故事吸引,能否与角色产生共鸣。在脚本创作中,节奏把控需要综合考虑对话、动作、情节转折等多种因素。对话的节奏要自然流畅,既不拖沓,也不要太急;动作场景的设计要紧凑有力,通过镜头的剪辑和音效的配合,营造出紧张激烈的氛围;情节转折的处理要恰到好处,既能让观众感到意外,又能让他们理解并接受这种变化。

镜头设计与节奏把控相互依存,相辅相成。优秀的镜头设计能够增强节奏的层次感,使故事的叙述更加生动深刻;而恰当的节奏把控则能让镜头设计更加贴切地服务于叙事,提升作品的整体可观赏性。在脚本创作过程中,创作者需要不断揣摩、实践,找到镜头设计与节奏把控的最佳平衡点,让作品在视觉上引人入胜,在叙事上流畅自然,从而创作出既具有艺术性、视觉美，又能深深触动人心的佳作。

3. 脚本撰写

脚本是摄影师在前期拍摄及短视频后期制作人员进行剪辑时共同遵循的指导书。尽管不同类型的视频在脚本的详细程度上有所差异，但无论脚本有多少种类型，其核心要素都是围绕着以下五点：主题、台词与解说词、人物与动作设计、分镜头画面设计，以及背景音乐的选择。

（1）主题。

主题是视频的核心议题，即该视频所要传达的主旨与核心观点，它可以作为视频的标题或封面来吸引观众。这个议题应当简洁明了、直击要点，并且具备足够的吸引力。举例来说，"职场日常"这样的标题可能就不如"遇到甩锅？我这样机智回应！"来得引人入胜。

（2）台词与解说词。

台词指的是视频中人物（或拟人化的动植物或物品）之间的直接交流，需要与人物的口型及场景氛围相匹配，多采用现场收录的声音，也可采用后期配音（但难度高，费用大）。而解说词则是剧中人物向观众传达信息的旁白，通常是通过后期制作配音来与画面相配合。相较于传统的影视剧，新媒体视频中的台词和解说词往往更加简洁明了，避免冗长；同时，它们会采用更为夸张的手法来突出重点，将关键信息前置，并注重节奏的把控。

（3）人物与动作设计。

鉴于视频在平台上呈现的时长较短，要让观众迅速把握故事背景及角色性格，就必须通过角色的台词、动作、表情、造型，以及所使用的道具等元素进行强化和凸显，使之更加鲜明、夸张且具体，形成深刻的记忆点。例如，相比简单描述为"一个男子在雨中行走"，我们精心设计了如下场景："一位身着湿透的黑色风衣的中年男子，头发被雨水打湿贴在额头上，他紧握着一把半开的雨伞，伞骨因风雨交加而显得有些歪斜。在昏黄的路灯下，他低着头，步伐匆匆，不时抬头望向远方，眼神中透露出坚定与一丝不易察觉的焦虑。雨水沿着他的脸颊滑落，与地面溅起的水花交织成一幅雨夜的画卷。他手中的手机不时震动，传来急促的短信提示音，那是他归家的呼唤，也是他在风雨中前行的动力。"这样的描述不仅生动展现了主角在雨中艰难的归家之路，还通过他的穿着和搭配（湿透的风衣、半开的歪斜雨伞）、动作（紧握雨伞、低头匆匆行走、不时抬头远望）、表情（眼神中的坚定与焦虑）、道具（不时震动的手机）等元素凸显角色特色。因此，在撰写分镜头脚本，特别是剧情类脚本时，详尽地描绘角色的动作、表情、所用道具等细节至关重要，这有助于充分展现角色特色，越精准、细致越好。

（4）分镜头画面设计。

分镜头画面设计，即拍摄时的视觉构图规划，它是将想象中的视听效果转化为文字表述的桥梁，在原创视频脚本中占据着举足轻重的地位。一个详尽的分镜设计通常涵盖了景别选择、对话镜头安排、环境镜头捕捉及空镜头运用等多个方面。

（5）背景音乐的选择。

许多看似平淡无奇的视频，通过巧妙的配音、有趣的节奏搭配以及富有氛围感的背景音乐，往往能达到意想不到的效果。

对于剧情类视频而言，随着故事情节的起伏转折，往往需要适时地更换背景音乐来营造不同的氛围。因此，在脚本创作初期，就应将背景音乐纳入考量，列出备选曲目，以供后期剪辑时参考。例如，一个讲述友情故事的短视频，在朋友相聚的温馨场景中使用欢快的背景音乐，而在离别时则转换为略带伤感的旋律，这样的音乐切换能够更好地引导观众的情绪，增强故事的感染力。

（二）拍摄剪辑精髓

拍摄前的充分准备和知识积累是拍摄出高水平、高质量视频的关键。

1. 拍摄角度的选取

在组接过程中，景别的变化应遵循"循序渐进"原则。在拍摄同一场景时，应避免"景"的急剧变化，否则镜头间的衔接将会变得困难。为了保持镜头的自然连接，"景"及拍摄角度的变化应保持适度。因此，在拍摄时，我们应逐步调整"景"的发展变化。此外，镜头的拍摄朝向及轴线运动规律同样不容忽视。当主体进出画面时，需确保拍摄方向的一致性。例如，若主体从左侧进入镜头，则应始终保持这一方向，以避免画面组接时出现"撞车"现象。为此，摄像机应始终位于主体运动朝向的同一侧，以确保画面中的主体运动方向和道具放置方向保持一致。

2. 画面构图

拍摄视频与拍摄图片在本质上具有相通性，它们都强调对画面主体的精心布局，旨在通过构图赋予画面更强的视觉冲击力和审美价值。优秀的摄影作品往往离不开精妙的构图设计，这是作品成功的重要保证。良好的构图能够使视频内容层次分明、焦点突出，同时赋予其和谐的美感，让观众获得视觉上的愉悦与享受。因此，在拍摄视频的过程中，合理运用构图技巧对主体进行安排至关重要。遵循构图的基本原则，能够确保视频作品展现出艺术魅力和视觉美感。

（1）中心构图。

中心构图是一种视频拍摄技巧，它通过将被摄主体置于相机或手机画面的中心位置，来有效强调视频的核心元素。这种方法能够直观地吸引观众的视线聚焦于主体，使他们迅速把握视频的关键信息。中心构图拍摄视频的主要优势在于其能够清晰、明确地突出主体，同时确保画面在左右（或上下）方向上达到均衡，使整个构图显得简洁而有力。简而言之，中心构图让视频的主体一目了然，易于被观众理解和接受，如图5-3所示。

图 5-3　中心构图

（2）光线构图。

拍摄人或物都离不开光线，手机视频拍摄自然也不例外。顺光、逆光、侧光、顶光，这四类光线在视频拍摄中扮演着至关重要的角色。它们不仅能让被摄主体清晰可见，更能赋予视频独特的光影艺术效果。顺光是摄影中最常用的光线类型，它从正面照亮被摄主体，能够清晰、细腻地展现出主体的细节和色彩，使视频画面更加生动、真实。逆光能够赋予视频独特的艺术魅力。虽然在使用逆光时容易导致曝光不足的问题，但恰当地运用逆光，可以营造出梦幻般的效果，增强视频的感染力。顶光如夏日正午的阳光，从正上方直射被摄主体。虽然这种光线下的阴影面积较小，但顶光所具备的高亮度能够使主体顶部光线强烈，使主体更加突出。侧光，从与被摄主体呈直角方向照射，形成鲜明的明暗对比。这种光线的运用能够让被摄主体具有立体感和空间感，为视频画面增添层次感和深度。

（3）三分线构图。

三分线构图作为一种经典的视频拍摄技巧，核心在于将画面从横向或纵向分为三部分，拍摄时将主体或焦点置于三分线的某一交点，以达到突出主体、美化画面的效果。这种构图方式的优势在于将拍摄主体放置在偏离中心约1/6的位置，既可避免画面的单调与呆板，又可突出视频拍摄主体，使整个画面紧凑有力。三分线构图易于学习、容易掌握，是提升视频拍摄美感的有效手段。

（4）透视构图。

透视构图利用画面中线条的延伸感，将观众的视线自然地引向画面焦点。具体而言，透视构图分为单边透视、双边透视两种形式。单边透视强调画面中一侧的线条由近及远延伸，而双边透视则在画面两侧都呈现这样的线条延伸。透视构图不仅可增强视频画面的立体感，还可以巧妙地利用"近大远小"的视觉规律，自然地引导观众视线。在单边透视构图中，这种"引导"效果尤为显著，能够突出视频拍摄主体的立体感，使画面更加生动、真实。

3. 剪辑逻辑

剪辑的逻辑必须符合观众的思维方式和表现规律，需要严格遵循生活的逻辑与人类的思维习惯。若剪辑不合逻辑，观众将难以理解视频内容。因此，首先需明确视频的主题与中心思想，以此为基础，再依据观众的心理预期和思维逻辑来挑选并剪辑、拼接视频片段。同时，还应遵循"动接动、静接静"的原则。若两个画面中的主体动作连贯，则可采用"动接动"的方式，以实现流畅的过渡。若两个画面中的主体动作不连贯或存在停顿，则应在前一个画面主体动作完成后，再接入一个从静止开始的运动镜头，即"静接静"。这样的组接方式有助于保持视频的连贯性和节奏感。

三、音频内容创作要点

音频作为信息传递的重要媒介，在新媒体时代得到了广泛应用。凭借移动化、场景化、高度聚焦等独特优势，音频为企业的新媒体运营开拓了更广阔的空间。企业能够巧妙利用用户的零散时间，通过音频这一形式传达运营信息，从而在无形中推广产品和品牌。音频这种以"听"为主的信息获取方式，既符合用户利用碎片时间获取资讯的习惯，又因其传播迅速、便捷、高效的特点，为企业运营助力。企业既可以将运营要素融入音频内容进行发布，又可以通过音频运营来增强品牌影响力，吸引更多用户的关注，并提高广告的"转化率"。

（一）语音录制核心要素

1. 音质保障

语音录制对环境有特定要求，尤其是歌曲和语言类音频，对录制环境的要求更为严格。在录制现场活动时，如果背景噪音干扰较大，应尽量靠近音源，以减少周围噪声对录制效果的影响。在录制过程中，需要留意音源与麦克风的距离和角度。通常，建议的距离是10～20厘米，但实际距离可根据麦克风类型和录制环境灵活调整。同时，应避免直接对着麦克风说话，最好保持45°角。通过调整音源与麦克风的距离和角度，不仅可以防止气流直接冲击麦克风导致"喷麦"，还能通过距离的变化来调节音量大小，如图5-4所示。

图5-4 调整麦克风

2. 情感融入

在语音录制中，情感融入是塑造角色、传递故事灵魂的核心要素。要实现情感与声音的完美融合，首先，需要对所录制的内容进行深入细致的理解。这不仅是对文字的简单阅读，更是对故事背景、情节发展、角色性格及情感脉络的全面把握。在朗读剧本或文稿的过程中，要让自己完全沉浸到相应的情景世界中，想象自己就是那个正在经历一切的角色。回忆个人生活中与角色相似的情感经历，那些欢笑、泪水、愤怒或失落的瞬间，使之成为我们情感表达的宝贵素材。其次，还可以在脑海中构建出故事发生的具体情境，感受角色所处的环境氛围，考虑他们的年龄、性别、职业、社会地位等因素对情感表达的影响。

在录制过程中，声音技巧的运用也是至关重要的。我们要根据角色的情感状态，灵活地调整音高、音量、语速和节奏。当角色感到快乐时，声音可以明亮、轻快；当角色感到悲伤时，声音则可以低沉、缓慢。通过声音的起伏变化，我们可以让听众更加直观地感受到角色的内心世界，使之仿佛目睹了故事的发展。

总之，情感融入是语音录制中不可或缺的一环。只有当我们真正理解了内容，代入了角色，并运用了恰当的声音技巧，才能让听众通过声音感受到故事的魅力，让语音录制作品更加生动、真实、感人。

3. 后期编辑软件

专业的数字音频编辑软件如Audition、AudioDirector、Nuendo和Cubase等，功能强大且扩展性丰富，适用于各种复杂的音频处理需求。然而，在新媒体实际操作中，有时我们仅需要进行音频的简单截取、转码等基本操作，使用这些专业软件可能会显得过于复杂，不够灵活、便捷。因此，除了这些专业软件，还有GoldWave、格式工厂（Format Factory）、Total Audio Converter等轻便实用的工具可供选择。

（二）音乐与音效搭配艺术

1. 背景音乐与音效的选择依据

在选择背景音乐与音效时，要考虑它们与音频内容的整体契合度，这是打造高质量音频作品的关键。作为情感的催化剂，背景音乐应精准匹配内容的情感基调：欢快轻松的旋律能够让人心情愉悦；悲伤哀婉的曲调能触动人心；紧张刺激的节奏能够制造悬念；宁静祥和的乐章能够放松身心。这些背景音乐都需要与主题紧密相连，仿佛是为内容量身定制，让听众在听到背景音乐的瞬间，能迅速感受到内容的独特氛围。

音效的选择同样不容忽视。音效的作用在于精准还原场景，为音频内容增添生动的色彩。例如，自然环境中的风吹树叶、雨落芭蕉，让人仿佛置身于大自然的怀抱；城市中的车流穿梭、人群喧嚣，让人瞬间感受到都市的繁华与忙碌。这些音效都能够准确地还原场景，增强音频作品的沉浸感，让听众仿佛身临其境。

在确保版权合规的前提下，应精心挑选那些既能与内容相辅相成，又能触动听众心灵的背景音乐与音效。它们不仅要符合音频作品的整体风格,还要能够巧妙地融入其中,成为作品不可或缺的一部分。这样的背景音乐与音效,能够让音频作品更加生动、有趣,让听众在享受听觉盛宴的同时,也能感受到作品所传递的情感与力量。

2. 音乐与音效的融合技巧

音乐与音效的搭配艺术,是音频创作中不可或缺的一环,其融合技巧至关重要。在音乐与音效的融合过程中,要确保两者在风格和情感上保持高度一致,共同营造出所需的氛围和场景。音乐可以通过旋律、节奏和和声来传达特定的情感色彩,如欢快、悲伤、紧张或宁静,而音效则能够通过具体的声音元素,如环境声、动作声或特殊效果声,增强场景的真实感和立体感。

融合技巧的关键在于要巧妙把握好音乐与音效的层次感和交互性。音乐往往作为背景铺垫,为整个场景设定基调,而音效则需要在关键时刻精准插入,以突出特定的动作或情节发展。这需要制作者具备敏锐的听觉感知力和良好的时机把握能力,确保音乐与音效之间的过渡自然流畅,不产生突兀或冲突的感觉。

此外,通过调整音乐与音效的音量、频率和音质等参数,可以实现更加细腻的融合效果。例如,在紧张刺激的场景中,可以适当提高音效的音量和频率,让听众感受到更加紧迫和紧张的氛围;而在温馨浪漫的场景中,则可以降低音乐的节奏和音量,让音效更加柔和细腻,营造出温馨舒适的听觉体验。

综上所述,音乐与音效的搭配需要制作者具备深厚的音乐素养、敏锐的听觉感知力和精湛的融合技巧。只有巧妙地融合音乐与音效,才能创造出更加生动、真实且富有感染力的音频作品,为听众提供优质的听觉享受。

■ 课中任务

> **任务一:创作图文内容**

撰写富有吸引力的文案,突出主题与风格。
挑选适配文案的图片并进行编辑优化。

> **任务二:制作视频内容**

编写视频脚本,构建故事线与镜头语言。
完成拍摄与剪辑,运用特效提升视觉效果。

> **任务三:打造音频内容**

录制清晰、富有情感的语音内容。
挑选契合情境的背景音乐与音效并编辑合成。

课后巩固

一、知识巩固

1. 填空题

（1）新媒体文案的创意构思方法包括九宫格思考法、_____、多角度创意发散法等。

（2）在进行图片选取时，应遵循的三大原则是像素清晰、_____、注意版权问题。

（3）视频脚本的核心要素是主题、台词与解说词、_____、分镜头画面设计、背景音乐的选择。

2. 选择题

（1）为提高新媒体文章在搜索引擎的曝光率，关键操作是（　）。

　　A. 堆砌大量网络热词　　　　　　B. 合理布局关键词
　　C. 增加文章段落数量　　　　　　D. 使用复杂句式结构

（2）视频拍摄时，为避免画面组接出现"撞车"，应遵循（　）。

　　A. 随意变换拍摄角度　　　　　　B. 保持主体运动方向一致
　　C. 频繁改变景别　　　　　　　　D. 始终使用特写镜头

3. 简答题

（1）请简述新媒体文案撰写中，运用时事热点提升内容吸引力的具体策略。

（2）结合新媒体运营实际，阐述图片处理过程中，如何实现"风格统一"原则，以及其对内容传播的意义。

（3）分析视频剪辑中"动接动、静接静"原则的应用场景，并说明该原则对视频连贯性的影响。

二、能力提升

（1）分析"网红博主爆款内容"（如抖音剧情号、小红书种草笔记），拆解其创意点、视觉风格与用户互动策略，形成分析报告。

（2）随机抽取3个不相关元素（如"太空""奶茶""猫咪"），在20分钟内构思一个新媒体内容创意，鼓励运用元素混搭法与多角度创意发散法。

三、素养拓展

（1）为某运动品牌设计社交媒体推广图文，要求运用时事热点结合情感共鸣风格撰写文案，搭配3张经后期处理的原创图片，并说明选图与处理思路。

（2）以"大学生校园生活"为主题，编写包含故事冲突的短视频脚本，完成分镜头设计；使用手机拍摄并剪辑1～2分钟视频，运用至少2种构图技巧和1种转场特效。

（3）录制一段3分钟的读书分享音频，融入背景音乐与场景音效（如翻书声、环境声），通过后期处理优化音质并调整音量。

四、延伸资源

（1）音频处理：Adobe Audition、荔枝播客。

（2）视频处理：Premiere Pro、万兴喵影。

（3）学习平台：中国大学 MOOC（《新媒体运营》《新媒体文案创作》）

第六章　新媒体传播推广与运营

随着信息技术的迅猛发展，新媒体已成为传播领域的重要形式，甚至有后来者居上之势。其独特的传播机制、广泛的覆盖范围和强大的互动能力，为行业带来了前所未有的机遇与挑战。然而，在新媒体传播、推广与运营实践中，一些问题也逐渐显现，如内容同质化、用户黏性不足、数据监测困难等。本章通过深入剖析新媒体传播推广与运营的核心要素，结合技术赋能特征，系统阐述应对这些问题的有效路径。通过学习，使学生能够系统掌握新媒体传播的理论与实践知识，提升运营能力，从而更好地适应行业发展的需求。

■ 教学目标

知识目标

了解新媒体平台账号的关键指标，如粉丝量、阅读量、互动率等，以及相关指标的计算逻辑和实践意义。

理解内容发布规划的重要性，学会选择合适的发布时间和结合热点话题发布内容。

熟悉互动活动的策划与执行原则，了解活动全流程执行SOP（Standard Operating Procedure，标准操作程序）。

掌握数据监测与效果评估的基本方法，能够运用数据分析工具进行效果评估。

能力目标

具备数据收集、清洗、整理和分析的能力，能够制作可视化图表评估账号传播效果。

能够根据用户活跃时段和热点话题制定内容发布计划，提高内容曝光率。

能够独立完成互动活动的策划与设计，制定全流程执行SOP，确保活动顺利进行。

掌握社群运维的基本原则和方法，设计有效的激励机制，提高用户转化率。

素养目标

培养对新媒体行业的敏感度和创新思维，及时发现并把握市场机遇。

增强团队协作与沟通能力，学会在团队中发挥自己的优势，共同推动项目进展。

树立"数据驱动决策"的理念，运用数据分析工具调整运营策略，提升运营效率。

■ 课前自学

一、平台账号指标解读

在新媒体传播领域，平台账号的关键指标是衡量传播效果的重要依据。以下从粉丝量、阅读量、互动率三大基础指标，延伸出粉丝活跃度、内容传播指数等维度指标，系统地阐述其定义、计算方法及实践意义。

（一）基础指标：流量入口与初级反馈

1. 粉丝量（覆盖率）

粉丝量指的是关注新媒体账号或企业新媒体平台（下文以账号作为统称）的用户数量。它是衡量账号影响力最直观的指标之一，粉丝量越多，意味着账号的潜在影响力越大，高粉丝量的账号往往能吸引更多的广告和品牌合作机会。但需要注意的是，粉丝量的价值不仅体现在数量规模上，更体现在粉丝质量（如垂直领域匹配度）上。例如，某美妆账号若80%的粉丝为18～35岁的女性，则其商业转化潜力显著高于泛流量账号。

此外，粉丝量也是平台内容分发的"初始流量池"。例如，抖音"推流"算法会根据粉丝基数加权推荐内容曝光范围。

粉丝量是一个累计值，通过用户主动关注账号或平台来增加。粉丝量的计算直接统计平台后台关注数即可，但需结合去重率（多平台覆盖用户重叠度）与净增长率（剔除"僵尸粉"后的有效增量）进行综合评估。

2. 阅读量（触达率）

阅读量指的是单篇文章或视频在发布后被用户点击浏览的总次数。阅读量是衡量内容传播效果的重要指标之一，反映内容传播的广度和用户的覆盖面，能够有效衡量信息的触达率，高阅读量意味着内容受到广泛传播。阅读量还能帮助运营者了解哪些类型的内容更受读者欢迎，从而优化内容策略。

阅读量的计算方法因平台而异，在某些平台上，即使一个账号多次阅读，也只计算一次阅读量。此外，阅读量需区分自然阅读（算法推荐流量）与强制触达（如社群转发、开屏广告）两种类型。

衡量阅读量的有效指标包括以下两个方面：

触达率=阅读量/粉丝量×100%（反映粉丝激活度）

破圈率=非粉丝阅读量/总阅读量×100%（衡量内容扩散能力）

触达率关注的是内容传播的广度和覆盖面，而破圈率则关注内容突破原有用户圈层的能力。例如，2024年"顺德文旅"一篇攻略文阅读量达50万，其中非粉丝阅读量占比72%，表明内容成功突破粉丝圈层。

3. 互动率（评论量/转发量/点赞量）

互动率指的是用户与内容互动的频率或程度，通常通过点赞量、评论量、转发量等指标与阅读量的比值来计算，体现内容的情感共鸣与参与价值。

点赞量指的是用户对内容表示喜欢或赞同的数量，是衡量内容受用户喜爱程度的重要指标。在某些平台上，点赞量还会影响内容的推荐权重，从而影响传播效果。点赞量通过用户主动点击点赞按钮来增加。平台会记录每个账号对内容的点赞行为，并通过累计这些点赞次数来得到总点赞量。

评论量指的是用户对内容发表评论的数量，是衡量内容引发用户讨论和互动的重要指标。通过分析评论内容，运营者可以了解用户的需求和意见，为后续的内容策划提供参考。评论量通过用户主动发表评论来增加。平台会记录每个账号对内容的评论行为，并累计这些评论次数得出总评论量。

转发量指的是用户将内容分享到其他平台或转发给其他用户的数量，是衡量内容传播力和用户主动分享意愿的重要指标。转发量能扩大内容的传播范围，增加潜在用户，是衡量内容是否具有"病毒式传播"潜力的重要依据。

互动率的计算方法有多种，常见的包括：

点赞率=点赞量/阅读量×100%

评论率=评论量/阅读量×100%

转发率=转发量/阅读量×100%

综合互动率=（点赞量+评论量+转发量）/阅读量×100%

部分平台（如B站）赋予转发量更高的权重，如转发1次=5次点赞。

基于点赞量、评论量和转发量的互动率能反映内容对用户的吸引力和用户参与度。高互动率意味着内容具有较高的用户黏性和传播潜力。

（二）深层指标：用户价值与内容效能

1. 粉丝活跃度（DAU/MAU）

（1）定义。

粉丝活跃度是衡量一个平台或产品用户黏性和活跃程度的重要指标，包括日活跃用户数（Daily Active Users，DAU）和月活跃用户数（Monthly Active Users，MAU）。

DAU指在特定的一天（通常为24小时）内，与账号产生有效互动的独立用户数量。这里的"有效互动"可能包括登录、浏览、点击核心功能、完成交易等行为。DAU反映了产品的短期活跃情况。

MAU指在特定的一个月（通常为30天）内，至少有一次与账号产生有效交互的独立用户数量。MAU体现了产品的长期用户留存和整体活跃规模。

日活跃用户数与月活跃用户数的比值，用于衡量用户的活跃度和忠诚度。这个比值越高，说明在一个月内，每天活跃的用户占比越大，用户对产品的黏性越强，用户活跃性稳定。反之，比值越低，则表明用户对产品的黏性越弱，用户活跃性不够稳定。

（2）实践意义。

① 衡量用户黏性：DAU/MAU是衡量用户黏性的重要指标。对于高频使用的应用或平台（如社交媒体、游戏等），高DAU/MAU比值表明，用户几乎每天都在使用，对产品的依赖性很强。

② 指导业务决策：通过分析DAU/MAU的变化趋势，企业可以了解用户参与度的稳定性和增长趋势，从而调整产品策略或市场推广方案。例如，如果DAU/MAU比值下降，表明用户对产品的新鲜感减退或存在使用障碍，此时需要考虑更新内容、优化功能或加强用户互动。

③ 行业对比：不同行业的DAU/MAU比值存在差异。对于依赖用户每日参与的应用（如社交媒体），高DAU/MAU比值是正常的；而对于低频使用的应用（如旅行类、招聘类），即使用户黏性较高，DAU/MAU比值也可能较低。因此，在评估用户活跃度时，需要结合行业特点进行分析。

（3）计算逻辑。

活跃密度= DAU / MAU×100%（高于20%为健康状态）

活跃密度反映了在一个月内，日活跃用户占月活跃用户的比例。这个指标越高，说明用户的日常参与度越高，对产品的黏性越高。

活跃密度高于20%为健康状态，意味着如果一个月内有超过20%的月活跃用户每天都在使用产品，那么可以认为产品的用户黏性较高，用户活跃度较高。若连续7天无交互用户占比超过15%，则视为"流失预警"，这可能意味着产品对用户失去了吸引力，或者用户在使用过程中遇到了障碍。一旦触发流失预警，应立即启动"召回"策略。"召回"策略包括发送推送通知、邮件、短信等提醒用户回归，或者提供专属优惠、内容更新等吸引用户回归。同时，应分析用户流失的原因，以便在未来的产品开发和运营中避免类似问题。

2. 内容传播指数（点击通过率、完播率）

内容传播指数是衡量内容吸引力和传播效果的重要指标，其中：

点击通过率（Click-Through Rate，CTR）表示用户在看到某个内容（如广告、视频、文章等）后，点击并访问相应页面的比率。

完播率（Completion Rate，CR）是指用户完整看完视频或阅读完图文的比例。

CTR是衡量内容吸引力的重要指标，高CTR通常意味着内容具有较高的吸引力和相关性，能够引起用户的兴趣和关注，从而增加用户的点击量和访问量。CTR受到多种因素的影响，包括内容的质量、标题的吸引力、图片或视频的视觉效果、目标用户的精准度等。

完播率是衡量视频内容质量和观众兴趣度的重要指标。高完播率表明视频内容对观众有更强的吸引力，能够持续抓住观众的注意力，直至视频播放结束。这对于视频内容创作者而言，是获取更多曝光和推荐的关键。完播率受到视频内容、时长、节奏、画面质量、音效等多种因素的影响。

(1) 计算逻辑。

CTR=点击量/展现（曝光）量×100%

完播率=完播次数/播放次数×100%

完播次数指的是视频被完整观看的次数，而播放次数指的是视频被点击播放的总次数。

(2) 实践意义。

在评估内容传播效果时，CTR和完播率是两个不可或缺的指标。CTR反映了内容的吸引力和用户的初步兴趣，而完播率则进一步衡量了内容的质量和观众的持续关注度。

① 高CTR+高完播率：表示内容具有极高的吸引力和质量，能够引起用户的广泛关注和持续观看。

② 高CTR+低完播率：可能意味着内容标题或封面具有吸引力，但内容本身质量不高或无法满足用户的期望，导致用户点击观看后很快流失。

③ 低CTR+高完播率：这种情况较为少见，可能出现在特定的小众领域或针对特定用户的内容中。尽管内容不具备普适性的吸引力，但一旦用户点击观看，其完播率仍然能够保持在较高水平。

④ 低CTR+低完播率：表示内容缺乏吸引力和质量，需要全面优化以提升传播效果。

二、内容发布规划

内容发布规划是新媒体运营的核心环节，它直接关系到内容的传播效果、用户黏性和互动率。一个合理的内容发布规划能够确保内容在目标用户的活跃时段得到更高的曝光率，同时利用平台算法和推流机制提升内容的推荐率。

（一）选择合适的发布时间

在新媒体运营中，准确把握目标用户的活跃时段是提升内容曝光率和互动率的关键。利用数据分析工具，如社交媒体平台的后台数据、第三方监测工具等，获取目标用户在一天中不同时间段的在线情况。通过观察并记录目标用户在周末、节假日等特殊时段的上网习惯，可以更全面地了解其活跃时间段。通常来说，用户的活跃时间段主要集中在四个"黄金时间段"，按照以下"黄金时间段"的特征发布不同类型的内容，往往能够收获更多的流量。

1. 四个适合发布的时间段

(1) 第一个时间段：6:00—8:00。

用户在这个时间段基本处于起床前后或上班、上学的途中。在早晨这个精神焕发的时间段里，适合发布早餐美食类、健身类、励志类内容，这些内容比较符合该时间段用户的心态。

(2) 第二个时间段：12:00—14:00。

在这个时间段里，无论是学生还是上班族，大多处于休息状态。在相对无聊的午休时间里，用户倾向于选择浏览自己感兴趣的内容。因此，在这个时间段里，适合发布剧情类、幽默类内容，使用户能够在工作和学习之余得到放松。

（3）第三个时间段：18:00—20:00。

这个时间段是大多数用户放学或下班后的休息时间，大部分人在忙碌一天之后都会利用手机打发时间，这一时间段也是新媒体用户数非常集中的时候。因此，几乎所有类型的内容都可以在这个时间段里发布，尤其是创意剪辑类、生活类、旅游类内容。

（4）第四个时间段：21:00—23:00。

这个时间段是大多数人睡觉前的时间，也是人们上网的"黄金时间段"，这个时间段的用户数量相对较多。因此，这个时间段同样适合发布各种类型的内容，尤其是情感类、美食类内容的观看量更为突出，且评论量、转发量也相对较高。

除此之外，当账号运行一段时间，积累了一定的粉丝之后，内容发布的黄金时间往往是个人粉丝在线时间。例如，B站用户以18~28岁年轻群体为主，晚高峰时段契合其"夜间娱乐+社交"习惯。B站某游戏视频博主通过数据分析发现，20:00发布的《原神》攻略视频完播率比白天高出40%，且评论区互动密度提升2倍。小红书的女性用户占比超70%，周末上午为"自我提升+消费决策"高峰。该平台某美妆品牌在周六上午10:00发布《早春护肤全攻略》，当日笔记收藏量突破1.2万，带动店铺UV（Unique Visitor，独立访问用户数）增长35%。

2. 选择发布时间时的注意事项

在选择发布时间时，需要注意以下六个方面。

（1）固定时间发布。

固定发布时间可以帮助用户形成固定的收看规律，培养用户的观看习惯。内容创作者不仅可以固定时间发布，还可以选择每周固定的几天发布。例如，固定在每周三、周五、周日晚上的21:00发布内容。

（2）无固定时间发布。

内容创作者按照具体内容来确定发布时间。例如，某美食类短视频账号的本期短视频内容是美味早餐的搭配方式，则可以选择在早餐时间发布；如果下一期短视频内容是"健康晚餐"的做法，则可以选择在晚餐时间发布。

（3）错开高峰时间发布。

上文介绍了四个发布的黄金时间段，但在选择发布时间时也可以考虑避开这些高峰时段。因为这些时间段虽然用户流量大，但发布的内容数量也多，竞争压力较大。尝试错开高峰时间发布也是一个不错的选择。

（4）需要适当提前发布。

新媒体内容在正式发布前通常由平台或人工进行审核，因此，实际的发布时间要比计划发布的时间早半个小时或一个小时。例如，内容计划在晚上20:00正式发布，则需要提前至晚上19:30左右推送，给平台或人工留出充足的审核时间。当审核完毕后，正式的发布时间基本能符合计划发布的时间。

（5）针对目标用户群调整发布时间。

不同的用户群观看新媒体平台的时间不同，因此，在发布针对某一特定用户群的内容时，需要考虑这类用户的观看习惯。例如，母婴类短视频的目标用户群是"宝妈"人群，这类用户通常需要在早、中、晚的进餐时间前后照顾孩子，在孩子入睡后才有空浏览短视频，那么在发布这类短视频时就需要充分考虑相关因素，调整发布时间。

（6）节假日的发布时间需顺延。

大多数用户在节假日期间可能会晚睡、晚起，内容创作者发布作品时就需要适当顺延发布时间。以早餐类短视频为例，用户在工作日的早餐时间可能是在早上8:00左右，而大部分用户在节假日期间的早餐时间可能会调整至上午10:00左右。那么，在节假日发布早餐类短视频时，就需要根据实际情况顺延发布时间。

（二）结合热点话题发布

在新媒体内容发布策略中，紧密结合热点话题是一种极为高效且吸引用户的策略，能够迅速提升内容的曝光度和互动率。为了保持持续且优质的内容生产能力，内容创作者应当密切关注各类热点话题，并紧跟社会热点及具有高讨论度的话题适时发布内容，这样才能提高内容"引爆"的概率。

热点话题通常可以分为突发型热点、预知型热点和平台自有热点三类，前两类属于全网热点，第三类则是平台自身的热点。

1. 突发型热点

突发型热点，即突发新闻事件，如自然灾害、重大事故、明星名人官宣、热门人物的"八卦"等。例如，发生重大事故时，公安、消防等部门的账号可以围绕如何避免此类事故展开相关的安全知识宣传；明星名人发布官宣消息时，时尚类账号可以就该明星的经典服装穿搭进行分析。针对突发型热点事件，内容创作者可以发表品牌或个人的观点和评论，以此增加内容的时效性和话题性。然而，内容创作者在围绕这类热点进行选题策划时，需要谨慎考虑选题是否与自身账号定位相匹配，避免选题不当导致弄巧成拙。同时，内容处理也需谨慎，确保观点客观、理性，避免引发争议。

2. 预知型热点

预知型热点可进一步分为事件热点和时令热点。

事件热点，如中国航天员完成太空任务、明星云集的电影上映、某品牌发布新款手机等。内容创作者可以密切关注新近发布的信息，围绕这类热点提前进行选题策划，准备相关内容。

时令热点，即每年的"常规热点"，如重要节日或庆典活动、中考、高考、情人节、节气日、某著名景区进入最佳观赏时节等。虽然这类"常规热点"年年都有，但用户覆盖面广、关联度高，内容创作者可以提前做好准备，设计与本账号相关联的内容，以吸引更多用户关注。

实战经验表明，内容创作者可以在各个平台上查看热点数据，如微博热搜、抖音热榜等。利用好这些热点数据，内容创作者可以挑选合适的热点话题进行发布策划。但需要注意的是，在"蹭热点"时要考虑时效性。内容创作者需要思考以下问题：当前的热点是否正在持续升温？有无继续发酵扩大的可能？发布的内容是否能引发新一轮的热议？如果以上问题的答案都是"否"，那么就没有必要"炒冷饭"了。

因此，内容创作者可以对不同平台的热点进行比较分析，进行热点预测，并尽量在热度峰值点发布内容，从而达到"引爆"的效果。通过紧密结合热点话题发布内容，内容创作者可以吸引更多用户的关注，提升内容的曝光度和互动率。

3. 平台自有热点

新媒体平台经常会推出一些自有的热点话题或热门活动。这些热点通常是平台为了提升自身影响力、增强用户活跃度而精心策划的宣传推广活动，或是平台层面的大型商业合作推广项目。这些热点话题和热门活动不仅能够吸引大量用户的关注和参与，还能为内容创作者提供宝贵的创作灵感和流量机会。

平台会通过多种渠道向内容创作者发布这些热点信息，如平台社区通知、官方账号发布、广告推送等，确保内容创作者能够及时了解到最新的热点动态。内容创作者需要密切关注这些平台的通知和更新，以便第一时间掌握热点话题和热门活动的相关信息。

在了解到热点话题或热门活动后，内容创作者可以提前规划与之相关的内容创作方向，确保在热点爆发时能够迅速推出高质量的内容。

三、粉丝增长与社群运维

粉丝增长是新媒体运营的核心目标之一，它直接关系到品牌或账号的影响力、传播力和商业价值。在新媒体运营中，粉丝增长与社群运维是相辅相成的两个环节。为了实现粉丝的有效增长和社群的持续活跃，运营者需要采取多元化、全方位的策略，包括优质内容的持续输出、社交媒体的广泛推广，以及线上线下活动的有效结合等。粉丝增长与社群运维主要包括拉新、留存、促活、转化四个主要目标。

（一）拉新

"拉新"即"拉来"新用户，指吸引并促使新用户加入某个新媒体产品或服务中的过程。拉新的手段多种多样，主要可以从以下三个方面展开。

1. 精准定位目标用户

运营者需要明确社群主要面向的是哪一类人群。这要求运营者了解目标用户的年龄阶段、性别比例、职业背景及兴趣爱好等特征。基于这些信息，运营者可以根据目标用户的特点更有针对性地制定推广方案。例如，运营者应选择那些目标用户群体活跃的社交媒体平台，发布他们感兴趣的内容，这样才能吸引他们的注意。

2. 利用多种渠道推广

除了社交媒体平台，运营者还可以考虑搜索引擎、内容平台等，让品牌或账号的信息能够触达更多潜在用户。同时，还可以通过与其他社群或账号合作、互推的方式，来提高曝光度，触达更多目标人群。

3. 开展"裂变"活动

为了加速社群的扩张，运营者还可以开展一些"裂变"活动。例如，邀请好友加入社群可以获得奖励，这样的机制能够激励现有用户积极邀请新用户加入。通过利用用户的社交关系链，可以实现社群的快速传播和扩张，让社群规模不断壮大。

（二）留存

留存即让新用户"留下来"，留得住用户才能展开后续的运营活动。因此，围绕"留住用户"进行的一系列工作是拉新之后的运营重点。留存是社群运维的关键环节，旨在提高用户的留存率，减少用户流失率。

1. 提供有价值的内容

新用户可能会因为一条有趣的内容关注账号，也可能会因为连续多次的不合心意的内容而取消关注。如果后续的内容不能持续为用户提供感兴趣的内容，就有可能导致用户大量流失。因此，运营者需要根据目标用户的需求和兴趣，持续提供有价值的内容，如行业资讯、专业知识、实用技巧等。通过内容的质量和价值，增强用户对社群的认同感和归属感。

2. 建立互动机制

搭建多样化的互动交流平台，通过与用户的良性互动，增加用户的参与度和黏性。

（1）评论互动。

如果运营者精力足够，应对用户的每一条评论均予以回复。初期这样做能够极大地维护好与关注者的关系，逐步积累真实关注者，激活社交氛围。

（2）内容互动。

互动是一种思维方式。在打造新媒体内容时，每一条内容都应该是有互动思维的，都应该是能与关注者对话，引起粉丝讨论、参与的。

（3）话题互动。

当运营者不知道如何与关注者互动时，可以尝试创作一些互动话题。定期或不定期地发布互动话题，引导用户评论留言或晒图互动。长期的互动将促使用户养成参与话题讨论的习惯，进而形成良好的互动氛围。

（4）活动互动。

除了发起话题进行互动，运营者还可以通过策划活动来实现互动，以达到吸粉引流、增强用户黏性的效果。例如，日常的留言、点赞送礼品活动，在转发中留言或晒图的有奖转发活动等。在策划新媒体活动时，让用户转发赢奖品不是关键，激发其参与的积极性才是关键。

（5）搜索互动。

除了在自己的账号与用户互动，还可以主动出击，通过搜索关键词，找到潜在的目标用户，并通过评论留言实现曝光，加深潜在用户对品牌频道的印象和好感，使其主动成为企业的忠实粉丝，这也是吸粉引流的方法之一。

3. 优化用户体验

优化用户体验是社群运维中的重要任务。通过关注用户反馈、持续优化社群功能和界面，以及提供便捷、高效的用户服务，运营者可以有效提升用户的满意度和忠诚度，为社群的长期发展奠定坚实基础。

运营者可以通过社群内的问卷、投票、留言板，以及社交媒体、电子邮件等多种渠道收集用户反馈，并利用数据分析工具，跟踪用户在社群内的行为路径，识别用户的使用习惯和偏好。同时，定期进行用户满意度调研，了解用户对社群功能和界面的整体评价。根据用户反馈和数据分析结果，不断迭代升级社群功能，优化社群界面的布局、色彩、字体等，提升用户视觉体验。此外，还需要设置专门的客服团队或社区管理员，及时响应用户的反馈和建议。根据用户的偏好和需求，提供个性化的服务方案，如定制化的内容推荐、专属的客服团队等。

案例：小米公司的社群营销策略

在开展社群营销活动之前，明确社群定位是至关重要的。应将社群视为一个线上的人际互动网络，深入思考建立社群的目的何在，目标受众是谁，以及如何找到这些目标受众并与他们建立起有效的沟通桥梁。

在小米手机系统（MIUI）的推广初期，小米公司董事长雷军设定了一个颇具挑战性的目标：在不投入额外资金的情况下，将MIUI的用户量提升至100万。面对这一目标，MIUI项目负责人黎某采取了论坛口碑营销的策略：他每日在论坛中积极搜寻资深用户，发布推广信息；同时，精心挑选了100名超级用户，邀请他们深度参与MIUI的设计、研发及反馈等各个环节。通过这些用户的口碑传播，MIUI迅速在市场上获得了认可。

除了线上的紧密互动，小米公司还构建了一个强大的线下活动平台——同城会。每次活动都会邀请30至50名用户亲临现场，与工程师进行面对面的交流。这种线下活动不仅增强了用户的黏性，还极大地提升了他们的参与感。

小米公司秉持"与米粉交朋友"的企业文化，并赋予一线员工较大的自主权。例如，在处理用户投诉时，客服人员有权根据实际情况自行决定赠送贴膜或其他小配件作为补偿。

这种人性化的服务理念使得小米在业内树立了低成本口碑宣传的典范。

此外，小米公司还非常注重用户体验，通过成立"荣誉开发组"等方式，给予用户一些特殊的利益。这些用户有机会提前试用未发布的开发版系统，甚至参与绝密产品的开发过程。尽管这种方式存在一定的风险，但它无疑为用户带来了极大的荣誉感和归属感。

（三）促活

当用户留存率稳定之后，会有部分用户"安静"下来，少互动，无作为了。做好用户促活工作，提升用户黏性、互动性、忠诚度是新媒体运营者的基本原则和工作重点。促活旨在提高用户的活跃度，增强社群的凝聚力，是社群运维中不可或缺的一环。

1. 定期举办多样化活动

组织线上线下活动是提升社群活跃度的关键一环，运营者可以定期举办多样化的活动来满足用户的不同需求。除了常规的分享会、竞赛和抽奖等活动，还可以尝试一些创新形式，例如：线上音乐会，让大家在音乐的海洋中畅游；虚拟旅行，带领用户探索世界各地的美景；在线读书会，共享阅读的乐趣和感悟……这些活动都要紧密围绕社群主题或用户兴趣点来展开，确保它们既有吸引力又能激发大家的参与热情。

2. 引导话题讨论

密切关注社会热点和行业动态，及时将相关话题引入社群，激发用户的讨论热情。可以设置话题标签或专题板块，方便用户查找和参与讨论。同时，鼓励用户提出自己在生活、工作中遇到的问题，社群管理员或活跃用户给予解答或建议，这样不仅能增加用户之间的互动和交流，还能提升社群的实用性和价值感。

3. 建立激励机制

为了激发更多用户的参与热情，运营者可以利用激励机制，设计完善的积分系统，让用户通过参与活动、话题讨论、分享内容等方式获得积分，积分可以用于兑换礼品、优惠券、会员权限等，以增加用户的参与动力和黏性。除了积分奖励，还可以设置实物奖励、虚拟奖励、荣誉奖励等多种奖励方式，例如礼品、书籍、电子产品等实物奖励，虚拟货币、游戏道具等虚拟奖励，以及称号、勋章等荣誉奖励。当然，激励机制也要持续优化，定期评估效果，根据用户反馈和数据分析进行调整和优化，保持其新鲜感和吸引力。

除了以上策略，在实践中，运营者应不断尝试和创新，结合社群特点和用户需求，制定适合的促活策略，并持续优化和调整，以保持社群的活力和吸引力。

（四）转化

转化是指利用高质量的内容，将用户转变为真正的消费者。新媒体平台的变现方式有许多，无论是广告植入、直播带货，还是电商引流、知识付费，将流量成功变现才是商业运营的目的。

以某抖音账号为例,其发布的短视频制作精良、内容优质,在粉丝达到一定数量后,账号运营者便开设了淘宝店铺,并在抖音账号开设了橱窗。在其短视频中出现过的食品都通过橱窗进行售卖,多款热门商品的月销量多次突破1000件,成功将用户转化为消费者。

图6-1 某抖音账号和橱窗

这四个目标在不同的阶段可能有不同的偏重,但都是互相关联的。新媒体内容质量是保证用户规模的基础,而用户规模是实现商业化的要素。只有保持用户规模最大化、提升用户活跃度、增强用户黏性和忠诚度,才可以实现流量变现。

四、互动活动的策划与执行

互动活动是新媒体运营中不可或缺的一环,它能够极大地提升用户参与度,增强社群黏性。一个成功的互动活动不仅能够吸引大量用户关注,还能增强用户对品牌的认知度和忠诚度。互动活动的策划与执行需围绕"创意性+可执行性"原则,结合平台特点与用户需求设计活动框架,并匹配全流程执行SOP。

(一)互动活动的策划与设计

1. 明确目标与用户定位

活动目标是活动规划的出发点和落脚点。在制定活动规划时,需要先明确活动的目标,如提升品牌知名度、增加用户黏性、促进产品销售等。明确的目标有助于后续活动的策划和执行,确保所有努力都围绕这一目标展开。

同时,要进行用户定位与分析。了解并精准定位目标用户是活动成功的关键,通过分析用户的年龄、性别、兴趣爱好、消费习惯等特征,可以设计出更贴近用户需求的活动内容,提高活动的参与度和转化率。

2. 内容创意与形式多样化

内容是新媒体活动的核心。在策划活动时，需要结合用户定位和活动目标，设计出富有创意、吸引人的活动内容。首先，可以结合当前热点话题或节日，创作具有吸引力和传播性的内容，利用图文、视频、直播等丰富多样的表现形式来满足不同用户的喜好。其次，还需设计一些能够激发用户参与感的环节，如互动游戏、投票、话题讨论、知识分享、挑战赛等。这样不仅能增加用户的黏性，还能收集到更多有价值的反馈信息。最后，要确保活动内容与品牌形象和调性保持一致，有效提升品牌认知度和好感度。

内容创意设计包括以下四大关键要素：

（1）低门槛参与。

为了让更多用户能够轻松参与活动，设计时应确保参与流程简洁明了。例如，用户只需完成三个简单步骤，如"转发+@好友+截图"即可参与活动。这样的低门槛设计能够极大地提高用户的参与意愿，让活动迅速传播开来。

（2）高价值激励。

奖品设置是吸引用户参与的重要因素。策划者应该深入了解用户需求，提供符合他们层级的奖励。对于普通用户，可以发放代金券、优惠券等实用奖品；而对于VIP用户，则可以提供更稀缺、更具吸引力的资源，如"X峰山限定开放日"的门票或特别体验机会。这样的高价值激励能够激发用户的参与热情，提升活动的吸引力。

（3）强社交属性。

利用用户的社交关系链，设计UGC机制，是增强活动互动性和传播力的有效手段。例如，可以举办"晒出你的顺德烟火气"摄影大赛，鼓励用户分享自己的作品，并邀请好友点赞和评论。这样的活动不仅能够激发用户的创作热情，还能通过社交分享扩大活动的影响力。

（4）平台适配性。

不同新媒体平台有着各自独特的用户群体和互动方式，因此在设计活动时，应充分考虑与平台的适配性。例如，在抖音平台上，可以侧重"挑战赛+贴纸互动"的形式，利用抖音的算法机制和用户浏览习惯，提高活动的曝光度和参与度；而在小红书平台上，则更适合举办"好物测评+图文征集"活动，利用小红书的图文分享和社区氛围，吸引更多用户的关注和参与。通过精准匹配平台特点，我们能够更好地发挥活动的潜力，实现最佳效果。

（三）多平台联动与资源整合

选择合适的传播渠道对于活动的成功至关重要。应根据目标用户的活跃平台和偏好，选择合适的社交媒体、短视频平台、内容社区等渠道进行活动推广。同时要注重渠道的整合和跨平台推广，利用微博、微信公众号、抖音、小红书等多个社交平台实现多平台联动宣传，扩大活动的传播范围和影响力。此外，还可以寻找合适的合作伙伴或KOL（关键意见领袖）进行联合推广，借助他们的影响力为自己的活动引流。

（四）时间规划与预算管理

根据活动的目标和规模，合理安排活动的时间节点，制定详细的时间规划，确保活动的各个环节都能够按时完成，大致包括活动预热、正式开展、后期总结等多个阶段。

合理的预算分配是活动成功的重要保障。在制定活动规划时，需要根据活动的规模和目标，合理分配预算，包括活动策划、执行、推广、奖品采购等方面的费用。同时，要加强预算的管理，确保每一笔支出都符合预算要求，避免不必要的浪费。

案例："寻味顺德"活动策划与执行

2022年末，为强化"世界美食之都"的品牌形象，促进美食文化与城市品牌影响力的协同提升，顺德区文广旅体局启动了"寻味顺德再出发"工程。该工程旨在通过整合线上与线下资源，全方位推广顺德丰富的旅游文化与独特的美食文化，吸引更多游客关注顺德、走进顺德。基于此背景，顺德区文广旅体局与美团携手，共同策划并执行了"寻味顺德"活动。

1. 线上平台搭建与推广

（1）"寻味顺德美食地图"美团品牌馆上线。

2022年12月，"寻味顺德美食地图"美团品牌馆正式上线，为用户提供了动态版的顺德美食地图，用户不仅能够轻松规划心仪的吃喝玩乐路线，还能便捷地获取商家优惠信息与美食推荐，如图6-2所示。品牌馆不仅成了展示顺德旅游目的地魅力的窗口，更搭建了一个用户互动交流的良好平台。其中，"评价推荐"板块深受用户喜爱，排名第一的评论热度高达47万次，充分彰显了用户的参与热情与对活动的认可，如图6-3所示。

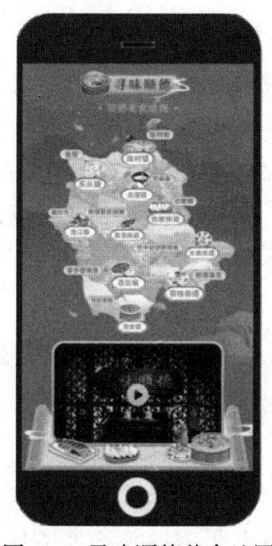

图 6-2 寻味顺德美食地图

图 6-3 "评价推荐"板块

（2）站内资源联动推广。

为进一步扩大活动影响力，吸引更多目标用户参与，美团充分利用自身站内资源，通过美团开机屏、周边游顶通、景点门票顶通、景点门票弹窗等多个渠道，对"寻味顺德美食地图"进行集中推广。这种全方位、多层次的推广方式，有效提升了活动的曝光度与知名度，为活动吸引了大量潜在用户。

（3）话题页打造与传播。

美团与大众点评联合打造了#寻味顺德美食地图话题页，鼓励用户分享自己在顺德的旅游与美食体验，如图6-4所示。截至2023年2月7日，该话题页吸引了2313人参与讨论，累计围观人次达到1451.5万。用户发布的内容不仅丰富了活动的传播素材，还进一步激发了更多用户前往顺德旅游打卡的兴趣。

图6-4 话题页

2. 线下活动举办与传播

（1）快闪活动落地。

春节期间，顺德文广旅体局与美团在广州佳兆业广场、深圳2023湾区超级灯会等地举办了"寻味顺德美食地图"快闪活动。活动现场设置了多个美食摊位，游客可以品尝到马岗桃园饼家、民信老铺双皮奶、佛宾佛跳墙、百辉食品等正宗顺德美食。此外，活动还设置了一站式闯关游戏，游客通过参与游戏有机会领取"顺德嗨游福袋"，其中包含顺德海立方海洋公园门票等丰厚奖品。现场游客络绎不绝，气氛热烈非凡。

（2）多渠道传播引爆热议。

美团官方借助自身自媒体矩阵及大众点评达人的传播资源，对快闪活动进行了多渠道、全方位的传播。通过发布活动现场照片、视频及游客的体验分享等内容，成功引爆了网上热议，进一步提升了活动的传播效果与影响力。

通过线上线下的有机结合与协同推广，"寻味顺德"活动取得了显著成效。线上，品牌馆与话题页的推广吸引了大量用户关注与参与，有效提升了顺德旅游文化与美食文化的知名度与美誉度；线下，快闪活动的举办让游客体验到了顺德的独特魅力，进一步激发了他们的出游意愿。

五、全流程执行 SOP

（一）预热期（活动前3天）

在活动正式开始前，通过多渠道进行宣传预热，可以利用社交媒体发布倒计时海报、预告视频等，邀请垂直领域KOL提前剧透活动福利，营造活动氛围，提高用户的期待感和参与度。同时，在活动正式开始前，对整个活动流程进行模拟演练，确保活动当天能够顺利进行。

推荐策略主要有两个方面：

1. 悬念营销

（1）执行要点。

发布倒计时系列海报，如"神秘大咖空降X峰山"剪影海报；搭配关键词谜题，如"评论区猜景点赢免单资格"。

制作碎片化线索视频，如XX社区市井场景局部特写，引导用户拼凑完整活动信息。

（2）效果保障。

监测海报点击率（CTR＞5%）与线索互动量（单条评论＞100条），未达标时，需追加"线索提示"互动。

2. KOL 矩阵联动

（1）执行要点。

邀请垂直领域KOL提前剧透活动福利，如美食博主解锁"顺德私房菜探店特权"；定制专属剧透内容，如在探店Vlog的前10秒植入活动福利等。

启动种子用户裂变：设置"邀请3人解锁隐藏福利"机制，如优先体验非遗鱼灯工坊等。

（2）效果保障。

要求KOL发布内容时带统一话题标签，如#寻味顺德2025；追踪话题阅读量日增长率（目标≥30%）。

（二）引爆期（活动中）

活动当天，确保所有工作人员到位，按照既定流程开展活动。在活动过程中，积极与用户互动，解答疑问，收集用户反馈。这有助于提升用户体验，同时为后续活动的优化提供参考。同时，要密切关注活动的进展，及时调整策略并处理突发情况，确保活动能够顺利进行。

推荐策略模块：

1. 流量矩阵覆盖

执行要点。

① 抖音：投放"开屏广告"，如定向人群为佛山及周边100千米用户；直播间挂载"点击领100元文旅消费券"图标等。

② 小红书：置顶活动话题，如"顺德24小时美食打卡"；联合本地商户发起"探店笔记@官方抽全年VIP卡"活动等。

③ 微信社群：每小时推送活动进展，如"当前摩天轮拼团进度70%"；搭配倒计时提醒等。

2. 用户参与激励

（1）执行要点。

① 设置实时互动榜单：设置"每小时榜单更新"，刺激用户冲榜，如"点赞TOP3送全年VIP卡"，榜单数据同步至各平台评论区等。

② 提供UGC创作工具包：发布预制模板，如"顺德美食手账"模板、X峰山打卡滤镜，降低用户创作门槛。

（2）效果保障。

监控实时互动率（目标：每小时新增评论＞500条），低于预期时，触发备用方案（如追加"评论抽免单"奖励）。

（三）长尾期（活动后7天）

活动结束后，将优质UGC内容剪辑为合集视频，标注内容创作者ID并全网分发，促进二次传播。同时，要及时公布获奖名单，发放奖品，并对活动效果进行总结和评估。分析活动的参与度、用户反馈、品牌曝光度等指标，筛选高价值用户进入VIP社群，调查、了解活动的成功之处和不足之处，为未来的活动策划提供有益的参考。

推荐策略模块：

1. 内容资产重组

执行要点。

① 剪辑高光合集视频：如将用户UGC内容按"美食/景点/非遗"分类，标注内容创作者ID并全网分发。

② 发布活动白皮书：提炼数据亮点，如"72小时吸引10万+参与"；用户画像，如"80%的用户为珠三角年轻家庭"，强化"专业性"的背书。

2. 数据复盘与用户分层

执行要点。

① 传播力：CTR、完播率、UGC数量。例如，目标：CTR＞8%，优质UGC占比＞15%。

② 转化力：投资回报率（Return On Investment，ROI）、获客成本。例如，目标：付费转化率＞5%，获客成本＜30元/人。

③ 用户分层运营：筛选高价值用户进入VIP社群。例如，互动≥5次，消费≥500元；推送专属权益，如"XX回馈宴会优先预约权"。

六、数据监测与效果评估

在新媒体运营和推广过程中，通过数据分析可以精准了解用户的行为和需求，从而制定更有针对性的运营策略。数据不仅可以帮助运营者识别用户偏好、优化内容传播路径，还能有效评估营销活动的成效，及时调整策略，提升运营效率，最终实现营销目标。

（一）数据分析的基本步骤

1. 数据收集

在进行数据分析之前，需要收集相关数据。对于新媒体运营来说，常见的数据来源包括以下三个部分。

（1）社交媒体平台：如微博、微信、抖音、快手等，通过这些平台的后台分析工具获取用户互动数据。

（2）网站分析工具：使用Google Analytics等工具，分析用户访问网站的行为、来源及转化率。

（3）用户调研：通过问卷调查等方式收集用户反馈，了解用户的需求和偏好。

2. 数据清洗与整理

收集到的原始数据往往是杂乱无章的，数据清洗与整理是数据分析的关键环节。通过去除重复、错误或无关的数据，可以确保分析结果的准确性和有效性。使用Excel或Python等工具，可以进行数据排序、筛选和格式转换，以便后续分析。

3. 数据分析与挖掘

数据清洗与整理完成后，接下来是数据分析与挖掘。可以采用以下三种方法进行分析。

（1）描述性分析：通过统计描述性指标（如均值、中位数、标准差和均方差等）对用户行为进行初步分析，以了解用户的基本特征。

（2）趋势分析：利用时间序列分析，观察用户行为的变化趋势，识别潜在的市场机会。

（3）对比分析：通过对不同时间段、不同用户群体的表现进行对比，找出影响运营效果的关键因素。

4. 制定优化策略

在数据分析的基础上，制定相应的优化策略。具体包括以下三个方面。

（1）内容优化：根据用户的兴趣和反馈，调整内容策略，增强内容的吸引力，提升传播效果。

（2）传播渠道优化：分析用户的活跃平台，聚焦于重点传播渠道，提升内容的曝光率和互动率。

（3）时间优化：通过分析用户的集中在线时间段，选择最佳的发布时间，以提高内容的阅读和分享率。

（二）具体的数据分析方法

1. A/B 测试

"A/B测试"是新媒体运营中常用的一种数据分析方法。通过将用户随机分为两组，分别接收不同版本的内容或广告，比较两组的表现差异，从而确定最佳方案。A/B测试能够有效验证营销假设，优化内容和广告投放策略，提高转化率。

2. 用户细分分析

"用户细分"是指将用户根据特征、行为等进行分类。通过用户细分分析，运营者可以更清晰地了解不同用户群体的需求，从而制定个性化的运营策略。例如，针对年轻用户可以创作轻松幽默的内容，而针对职场人士则可以提供专业性较强的资讯。

3. 社交媒体监测

"社交媒体"监测是实时跟踪和分析社交网络上的讨论和反馈，通过数据分析、情感分析等方法，了解用户对品牌和产品的看法。及时响应用户的意见和建议，有助于提升品牌形象和用户忠诚度。

4. KPI 设定与跟踪

"关键绩效指标"（Key Performance Indicator，KPI）是评估新媒体运营效果的重要指标。通过设定清晰的KPI，如粉丝增长率、互动率、转化率等，能够更好地监控运营效果，并根据实际情况进行调整。定期分析KPI的变化，有助于及时优化运营策略，确保实现预定目标。

（三）数据分析的工具推荐

为了高效地进行数据分析，借助专业的工具可以大大提高工作效率。以下是五种推荐的工具。

（1）Google Analytics：网站分析工具，可以提供用户行为、来源等详细数据。

（2）Hootsuite：社交媒体管理工具，能够集中监测多个社交平台的表现，方便进行数据分析。

（3）Tableau：数据可视化工具，帮助用户将复杂的数据转化为直观的图表，便于分析与决策。

（4）Excel：可作为数据处理与分析工具，进行基础的数据清洗、整理与分析。

（5）"清博舆情"：舆情分析工具，能够帮助运营者深入分析用户的情感倾向，为品牌舆情监测提供有力支持。

■ 课中任务

➢ 任务一：解析平台账号关键指标

目标：掌握核心指标定义、计算逻辑及优化方向，完成某账号数据诊断报告。

操作步骤：

1. 基础指标分析

选择一个河南文旅官方账号（如@开封文旅抖音号），导出近30天后台数据（粉丝量、阅读量、点赞量、评论量、转发量）。

分析该账号的粉丝量，计算触达率与破圈率（如"鼓楼夜市"话题破圈率为72%）。

制作可视化图表（如用"折线图"展示阅读量趋势，用"饼图"展示不同互动类型的数据占比）。

2. 深层指标诊断

追踪"河南非遗"微信公众号（如"汴京灯笼张"活动）的DAU/MAU，评估用户黏性。计算完播率（视频类）或跳出率（图文类），标注内容质量薄弱点，如视频前5秒流失率＞50%需优化。

3. 优化方案输出

针对低互动率内容，提出标题优化建议；对具有高破圈率的内容进行共性总结（如热点结合度、UGC参与度），制定复制策略。

➢ 任务二：规划内容发布优化策略

目标：制定符合平台特点与用户习惯的内容排期表，提升曝光率。

操作步骤：

1. 用户活跃时段分析

使用小红书创作者中心或抖音数据中心等，导出目标账号粉丝活跃时段分布图。

对比理论黄金时间段（如18:00—20:00），标注偏差值（如"母婴账号"黄金时间段为10:00—12:00）。

2. 热点日历整合

查找抖音2025年营销日历，筛选与账号定位相关的节日或事件（如"开封菊花文化节"）。

标注预知型热点（提前30天准备）、突发型热点（24小时内响应）的运营策略。

3. 排期表设计

用Excel制作甘特图，包含发布时间、内容类型（图文/视频）、热点标签、预期KPI（如CTR＞8%）。

设置备选内容库（至少3篇），应对审核延迟或热点失效风险。

4. A/B 测试验证

同一内容分两组发布（如A组12:00，B组20:00），对比阅读量/互动率差异，优化发布时间策略。

> **任务三：构建粉丝增长与社群运维体系**

目标：设计"拉新—留存—促活—转化"的活动方案，搭建分层社群架构。

操作步骤：

1. 拉新策略设计

例如，裂变式活动设计——发起"开封美食地图"UGC征集，用户探店拍照发文并@官方，邀请3人参与解锁免费体验券（如汴京烤鸭试吃体验券）；与KOL联动——联合河南非遗传承人（如朱仙镇木版年画艺人）进行直播，设置"非遗体验日"粉丝专享权益，引导用户邀请好友参与，关联话题"#寻味开封2025"等。

2. 社群分层运营

例如，普通用户社群推送"河南非遗手工艺图谱"+每日签到积分兑换"开封花生糕"；VIP社群开放"清明上河园夜游"预约通道，提供"豫剧名家—线上讲座"。

制定社群规则文档（如发言时间、广告处理机制），配置机器人自动提醒。

3. 转化链路优化

例如，设计"拼团享5折"活动：2人成团享景点摩天轮票，拼成赠送20元餐饮券；设置企业微信SCRM（Social Customer Relationship Management，社会化客户关系管理）标签（如"摄影爱好者"），定向推送"采风路线定制服务"等。

> **任务四：策划互动活动并有效执行**

目标：完成活动全流程方案设计，落地执行并评估效果。

操作步骤：

1. 完成活动创意提案

例如，策划"非遗传承人直播夜"活动，邀请"汴京灯笼张"传承人直播—教学灯笼制作，用户上传作品即可获得"非遗工坊—体验资格"。

2. SOP 执行手册

① 预热期：提前3天发布"悬念提醒式"海报（如局部非遗工具特写），请KOL发布剧透花絮视频。

② 引爆期：联动开封老字号直播带货。

③ 长尾期：剪辑"UGC内容合集"投放大屏广告，筛选高价值用户进入VIP社群。

3. 风险预案制定

服务器压力测试与舆情监控等，如设置"非遗争议""价格/服务投诉"关键词预警，确保在15分钟内能够响应。

> **任务五：监测数据与评估传播效果**

目标：运用工具生成评估报告，提出可落地的优化建议。

操作步骤：

1. 数据看板搭建

整合多平台数据（如粉丝量、互动率、商品交易总额），如"清明上河园"抖音话题播放量、"开封灌汤包"相关内容CTR等，利用Tableau工具完成可视化展示。

2. 效果评估模型

计算传播指数=CTR×0.3+完播率×0.4+互动率×0.3

对比活动ROI：投入成本（如KOL费用）与产出（如新增粉丝人数+商品交易总额8万）。

3. 优化建议报告

定位低效内容：在短视频中，"钩子"（Hook）是指一种通过视频内容传达的信息或展示的视觉效果，能吸引用户或观众的注意力。若视频前3秒无"钩子"（完播率<30%），则建议增加"悬念字幕"或"冲突画面"等。

渠道调优建议：淘汰ROI<1的渠道（如某信息流广告），提高其他渠道预算。

■ 课后巩固

知识巩固

1. 填空题

（1）粉丝量是指关注账号的用户数量，但需结合_____（剔除"僵尸粉"后的有效增量）进行综合评估。

（2）触达率的计算公式为：阅读量/粉丝量×100%，若某文旅账号粉丝量为10万，单篇阅读量为25万，则触达率为_____。

（3）在抖音算法中，完播率低于_____的视频可能被判定为低质量内容，推荐权重降低8。

（4）热点话题通常可以分为三类：_____、_____、_____。

（5）DAU/MAU活跃密度健康值为_____，若某非遗账号DAU为6万、MAU为20万，则活跃密度为_____。

（6）内容创意设计的四大关键要素包括_____、_____、_____、_____。

2. 选择题

（1）（单选）以下哪项不属于新媒体账号基础指标？（　　）
    A. 粉丝量　　　　　　　　　B. 触达率
    C. DAU/MAU　　　　　　　　D. 互动率

（2）（多选）以下哪些工具适合分析抖音用户行为？（　　）
    A. 蝉妈妈　　　　　　　　　B. 飞瓜数据
    C. Tableau　　　　　　　　 D. 清博舆情

（3）（单选）某河南美食账号发布关于"夜市羊肉炕馍"的视频，CTR为12%，但完播率仅为20%，问题可能在于（　　）。
    A. 标题吸引力不足　　　　　B. 前5秒内容拖沓
    C. 发布时间错误　　　　　　D. 平台限流

（4）（多选）提升社群留存率的有效方法包括以下哪种？（　　）
    A. 每日推送"河南非遗手工艺图谱"
    B. 每日签到积分兑换"开封花生糕"
    C. VIP社群开放"清明上河园夜游"预约通道
    D. 每周清理不活跃用户

（5）（单选）以下哪种活动设计符合"强社交属性"原则？（　　）
    A. 转发抽奖送优惠券
    B. "晒豫菜"UGC摄影大赛
    C. 付费观看豫剧名家直播
    D. 线下非遗工坊体验

3. 简答题

（1）简述数据清洗的三个步骤，并说明其对分析结果的影响。

（2）列举社群促活的三种激励机制。

（3）如何判断热点话题的时效性？

能力提升

（1）某"开封美食"公众号的CTR为5%，完播率为45%，粉丝量增长停滞。分析其内容传播指数,并从标题、画面、发布时间三个方面提出改进方案。

(2)解释"破圈率"的实践意义,并举例说明河南文旅如何通过内容突破粉丝圈层。

延伸资源

阅读尼古拉·尼葛洛庞帝《数字化生存》第一章(重点理解"比特取代原子"与"去中心化传播"两个概念),分析AIGC版权相关的案例(如OpenAI与作家集体诉讼、抖音AI绘画工具"Dreamina"引发内容创作者版权争议等),撰写一篇800字的读后感。

第七章 新媒体传播整合与优化

在新媒体传播领域，传播整合与优化涵盖多平台传播整合策略、新媒体传播项目中期评估与调适、危机传播应对与舆情管理、新兴技术融合创新应用等多个关键层面。这些层面贯穿新媒体传播的各个环节，对于提升传播效果、增强风险应对能力具有重要的理论和实践意义。

■ 教学目标

知识目标

精准识别新媒体传播中常用平台（如抖音、微博、B站）及其核心用户群体的显著特征。

深入阐释多平台传播整合策略中"内容定制化"与"跨平台协同"的核心逻辑差异。

准确列举"黄金4小时"原则及舆情分级（轻度/中度/重度）的具体标准。

系统概述动态预警模型中"传播动力学模型"与"跨平台共振指数"的联动作用机制。

能力目标

熟练运用 WordPress、百度指数等工具，高效完成内容分发、热点监测、数据采集操作，并撰写标准化的舆情回应文案。

能够依据SMART原则设计科学的评估指标体系，运用"内容优化三阶模型"策划传播方案。

合理设置智能预警规则（传播量级阈值、情感值阈值），有效提升舆情监测效率。

优化危机后的修复方案（透明整改、用户共治、公益联动），主导元宇宙虚拟场景的沉浸式传播项目。

素养目标

牢固树立技术伦理意识，在虚拟人应用场景等方面优先保障用户隐私与数据安全。

坚守传播真实性原则，坚决抵制虚假信息的扩散，积极推动行业监管标准的制定。

高度认同团队协作的价值，尊重平台用户需求的差异，避免"一刀切"的内容分发方式。

平衡传播效率与社会责任，杜绝AI生成内容出现文化偏见等问题。

重视危机传播中"用户共创"对舆情走向的潜在影响，主动关注UGC内容的动态。

■ 课前自学

一、多平台传播整合策略

（一）多平台内容分发策略

多平台内容分发是新媒体传播的必然选择，其核心价值在于通过适配不同平台的特点，实现内容传播效能的最大化。不同平台拥有各自的用户群体和传播特点，单一平台难以满足所有用户的需求。因此，实施差异化的内容分发策略至关重要。这不仅能够突破单一平台的覆盖局限，精准触达多元用户，还能借助丰富的内容形式增强曝光度与互动性。此外，多平台沉淀的用户行为数据为优化内容策略提供了有力依据，通过分析用户的互动偏好，能够及时调整创作方向，从而提升用户的参与度与忠诚度，强化内容影响力的长效传播。

1. 平台选择与定位

平台选择与定位是多平台内容分发策略的基础。只有选择合适的平台，并明确其定位，才能制定出有效的内容分发策略，提高新媒体传播项目的传播效果。在选择分发平台时，需要进行全面的市场分析和深入的用户研究。市场分析可通过调研和分析不同平台的用户群体、内容类型和互动方式，了解各平台的优势，从而确定合适的平台进行内容分发；用户研究则可以通过问卷调查、用户访谈和数据分析等方式，了解目标用户的需求和行为，进而制定更加精准的内容分发策略。

2. 内容定制化

内容定制化是提高内容相关性和吸引力的关键，也是增强用户参与度和忠诚度的重要手段。根据不同平台的特点和用户偏好，深入分析平台用户的行为和内容特征，定制适合该平台的形式、风格和内容策略。例如，在抖音上发布创意短视频，凭借吸引眼球的视觉效果和简洁明快的叙事方式，可以快速吸引用户的注意力；在小红书上发布美妆教程，通过详细的步骤讲解和实用的技巧分享，满足用户的学习需求；在知乎上发布专业分析，借助深入的分析和独到的见解，提升内容的权威性和影响力。

3. 技术支持与自动化工具

技术支持与自动化工具在新媒体传播中发挥着重要作用。它们不仅可以提高内容分发的效率和质量，还能降低运营成本，提升内容的竞争力。WordPress 等内容管理系统能够实现内容创作、编辑和发布过程的自动化，有助于提高内容存储、编辑与管理的效率。易媒助手等数据分析工具支持分析内容和用户在不同平台上的表现数据和反馈数据，帮助运营者了解用户对不同类型内容的喜好、意见和需求，从而调整内容类型和发布频率，改进内容质量，提升服务水平，提升用户的参与度、满意度和忠诚度。

（二）跨平台协同推广策略

跨平台协同推广的核心优势在于通过资源整合与策略联动，打破媒介壁垒，实现传播效能倍增。微博、微信等社交平台提供即时互动，抖音、快手等短视频平台聚焦年轻用户，而知乎等知识型平台则强化深度内容的权威性，共同覆盖多元用户场景。通过与KOL合作或与互补品牌共享用户池，能够放大品牌声量，突破单一渠道限制。同时，跨平台的数据共享与用户反馈，为传播策略的优化提供精准依据。整合各渠道的互动数据，以精准捕捉用户偏好与行为轨迹，并据此动态调整内容形式、发布节奏及内容分发策略。实时收集用户反馈，以反馈驱动内容质量与服务体验的持续优化，形成良性循环。此外，联合营销激活资源杠杆效应，品牌跨界合作打造话题事件，跨平台策划主题活动，构建传播矩阵，降低边际成本，显著提升品牌认知度与用户黏性。这种多维协同构建起"资源复用—数据贯通—价值共生"的生态体系，还将内容传播升级为可持续的用户关系运营，深化品牌影响力，实现传播效能的全面提升。

1. 跨平台协作模型：整合资源，扩大传播效应

跨平台协作，整合不同平台的资源与优势，实现内容一体化推广，是协同推广的基石。例如，品牌可以借助社交媒体扩大传播范围，依托电商平台实现从内容到销售的转化。小米公司通过与微信、微博、抖音等社交媒体合作，提升内容曝光率和用户关注度，同时与天猫、京东等电商平台联动，实现销售转化。建立统一协作平台与数据共享机制，能提高内容生产效率与策略精准度。例如，B站的"创作中心"为视频博主提供一站式服务，提升内容生产效率；可口可乐与迪士尼的联合营销活动通过多平台协同推广，扩大品牌知名度与影响力。此类跨平台推广活动实现资源共享、用户互通，进而扩大内容覆盖范围与影响力。

2. 用户参与社区建设：激发用户热情，提升忠诚度

品牌通过建立在线社区，组织讨论、活动和竞赛，激发用户热情，而用户参与是提升内容互动性与用户忠诚度的关键。小红书借助"笔记"功能与互动话题，如"晒出你的美妆心得"，有效提升用户参与度和内容传播效果。社区建设不仅能够提高用户活跃度和忠诚度，还可以根据用户反馈优化内容策略。例如，微信公众号通过组织读者讨论和线上活动，增强用户归属感；抖音的"挑战赛"通过用户创作激发参与度，提升传播效果。品牌可以通过组织在线讨论、举办线上活动和竞赛等多种方式，激发用户参与，提升内容传播效果与影响力。

3. 数据驱动的决策：精准洞察，优化推广策略

数据在协同推广中不可或缺。品牌通过收集和分析用户数据，了解用户行为与偏好，从而制定精准推广策略。例如，通过分析用户的浏览历史和购买行为，制定个性化推荐内容，提高用户满意度与转化率。淘宝的"猜你喜欢"功能借助大数据分析用户兴趣，提升

用户购物体验。引入数据分析工具可以实时监控内容表现与用户反馈，及时调整内容策略，提升传播效果。品牌积累和分析用户行为数据，调整内容类型与发布频率，提升用户参与度与满意度。

在新媒体时代，构建协同推广生态体系是提升内容传播效果与品牌影响力的关键。通过跨平台协作整合资源，扩大传播效应；通过用户参与社区建设激发用户热情，提升忠诚度；通过数据驱动决策精准洞察用户需求，优化推广策略。众多品牌已通过这些方法取得显著成效。未来，随着技术进步和用户需求变化，协同推广生态体系将不断完善，为品牌和内容创作者带来更多机遇与挑战。

（三）资源整合与优化策略

有效的资源整合包括对人力、技术和内容等内部资源的优化配置，以及对合作伙伴和用户等外部资源的协同利用，是实现高效内容分发和推广的关键。新媒体传播者通过构建全面的资源整合框架，可以实现内容创作、分发和推广的高效协同，提升整体运营效率与市场竞争力。资源整合既能提高内容生产效率与质量，又能降低运营成本，提升内容竞争力。例如，整合内部资源可以实现内容生产流程化和自动化，提高效率与质量；整合外部资源则可以实现资源共享与优势互补，提升竞争力。

1. 内部资源整合：提升内容创作和分发效率

内部资源整合是提高新媒体运营效率的基础。通过优化内部流程，整合人力、技术和内容等内部资源，能够实现内容创作和分发效率的最大化。建立统一的内容管理系统至关重要，其可实现内容集中管理与发布，提高工作效率。例如，华龙网调整组织架构，整合资源，深耕融媒体精品创作，以内容优势增强传播力、公信力和影响力。在内容生产方面，引入自动化工具和内容生产平台，能够实现内容自动化生成与发布，提高内容生产效率与质量。例如，齐鲁壹点构建智能化生产平台和大数据应用平台，实现新闻资讯、生活服务和爆料互动的全时覆盖，有效提升内容传播力与用户连接力。同时，建立内容审核和优化机制，确保内容质量与合规性，提升权威性。

2. 外部合作伙伴关系管理：拓展分发渠道与创新内容形态

外部合作伙伴关系管理是资源整合的关键环节，有助于拓展分发渠道、创新内容形态。与内容创作者、技术提供商、营销机构等构建稳定的合作关系至关重要。例如，界面财联社携手阶跃星辰推出"财跃大模型"，该模型在金融知识问答、图表理解、金融计算等方面表现出色，显著提升了金融资讯传播质量与服务水平。在外部合作伙伴关系管理中，可以通过多种方式实现资源共享与协同。与知名KOL合作可以提高内容曝光率与用户关注度，增强内容的传播效果和影响力；与知名品牌合作可以实现资源共享、用户互通及优势互补，提升内容的创新性与竞争力，扩大覆盖范围和影响力。例如，星巴克与迪士尼的联名合作吸引了众多粉丝和消费者。与技术提供商合作可以提升内容的技术水平与用户体验。

此外，建立合作伙伴评估机制，以保障合作质量；同时，构建激励机制以激发合作伙伴的积极性与创造力，最终提升合作成效与内容品质。

3. 知识产权与内容资产管理：保护权益与价值最大化

有效的知识产权管理不仅能保护内容创作者的权益，还能提升内容资产的价值。在知识产权管理方面，应建立健全的知识产权保护体系，确保内容的合法性；同时，建立培训机制，提升员工的保护意识与能力，确保内容的原创性。在内容资产管理方面，应建立管理平台，集中管理和运营内容资产，提高利用效率与价值；引入运营工具，实现内容资产的自动化运营，实现内容价值最大化，提高商业价值与竞争力；此外，还需要建立资产评估机制，定期评估和优化内容资产，以确保其质量与价值。

在新媒体时代，资源整合与优化是提升内容传播效果和运营效率的关键。通过内部资源整合，实现内容创作和分发效率的最大化；通过外部合作伙伴关系管理拓展分发渠道、创新内容形态；通过知识产权与内容资产管理，保护内容创作者权益，实现内容价值最大化。在实践中，众多品牌和媒体机构已通过这些策略取得显著成效。未来，随着技术不断进步和用户需求不断变化，新媒体传播资源整合与优化策略将不断完善，为品牌和内容创作者提供更多机遇与挑战。

案例：《哪吒之魔童闹海》电影宣传的多平台分发策略

国产动画片《哪吒之魔童闹海》以下简称《哪吒2》在宣传过程中，充分融合了多平台分发的传播逻辑，通过精准匹配平台属性、用户特征与内容形态，构建了"全域渗透 + 圈层引爆"的立体化传播体系。其核心策略如下：

1. 平台矩阵搭建：分层触达目标用户

（1）抖音/快手等短视频平台。

提供沉浸式内容，围绕影片核心卖点，官方发布30秒"高燃"混剪视频，聚焦哪吒与敖丙的"高光"打斗场面，运用"子弹时间"慢镜头与分屏特效技术增强视觉冲击力，并针对短视频平台用户习惯优化竖屏适配。运用互动玩法，发起"# 哪吒三头六臂挑战赛"，依托AI换脸技术生成个性化角色形象，结合动态贴纸特效降低用户创作门槛，激发UGC内容裂变传播。活动覆盖社交媒体及短视频平台，累计话题曝光量超过20亿次，进一步扩大IP影响力。开展直播联动，导演团队空降直播间，首次公开动画毛发渲染、动作捕捉等工业级技术细节，强化观众对影片制作水准的认知。直播期间同步推出限时预售票秒杀活动，结合实时票房数据分析调整场次排片策略，最终实现预售转化率目标，显著拉动首周票房增长。

（2）微博/微信等社交媒体平台。

进行话题造势，创建#哪吒2定档春节#、#敖丙黑化反转#等热搜话题，通过剧情悬念+

传统文化符号引发讨论，72小时内登顶热搜TOP3。根据数说雷达数据，截至2025年2月11日，《哪吒2》相关话题已登上各平台热搜榜超千次，#哪吒影史第一、#哪吒2票房逆跌、#影院回应一天排99场哪吒2等58个话题陆续登上微博热搜，累计阅读量超过80亿次。布局KOL矩阵，联动@毒舌电影（影评）、@混剪晓佳（二次创作）、@国风喵（文化科普）等垂直类博主，覆盖影迷、国潮爱好者等多圈层。

（3）B站/腾讯视频等长视频平台。

纪录片全矩阵上线，联合B站、腾讯视频等平台独家上线《不破不立》幕后纪录片，首次披露导演饺子及全国四千名动画人历时五年的创作历程，重点展示毛发渲染、动作捕捉、场景建模（如以成都银杏树为灵感打造的金色战斗场景）等工业化技术突破，强化IP匠心品质与技术创新形象。纪录片上线后全网播放量破亿，助推影片口碑发酵与观众情感共鸣。在UGC生态共创计划中，发起了"封神宇宙二创大赛"，开放了角色3D模型、场景原画等官方素材库，以此激励视频博主创作剧情解析、手绘动画及AI换脸衍生内容（如土拨鼠角色的二次创作）。AI工具提供技术支持，有效降低了用户创作门槛，激发了用户创作热情，吸引了大量用户参与并投稿，累计投稿量规模可观。同时，相关视频播放量也达到了较高水平，形成了良好的传播效果。通过这种方式，构建了"专业内容—用户创作—流量反哺"的闭环生态，进一步推动了内容传播与提升了创作活跃度，为IP影响力提升和生态建设发挥了积极作用。

（4）线下场景精准营销与体验升级。

在数据驱动的票务策略中，猫眼、淘票票等平台基于用户画像（如"二刷"占比6.7%、35～39岁观众占比20.8%），定向推送IMAX/CINITY特效厅限时预售福利，配合动态票价调节机制。据灯塔专业版数据，鹤壁银兴国际影城《哪吒2》2025年2月3日的排片已从2月2日的一天88场追加到一天99场，场次间隔为10分钟或5分钟。沉浸式观影场景联动，全国超过500家影院设置"风火轮观影专区"，结合AR技术生成观众与哪吒的动态分身合影，并通过扫码分享至社交平台触发"晒票根抽盲盒"活动。线下体验与线上传播联动，助推#哪吒IMAX二刷等话题登上热搜，进一步刺激特效厅观影需求。

2. 内容策略：情感共鸣与技术叙事双线驱动

以《封神演义》为底本，重构"哪吒vs敖丙"的兄弟羁绊，通过"善恶辩证""天命抗争"等普世主题，引发Z世代对传统神话的现代性解读。联合故宫文创推出"乾坤圈"主题周边，将电影符号转化为国潮消费品，拓展IP价值链。

此外，导演亲自答疑了在知乎发起"中国动画工业体系距离皮克斯还有多远？"专题讨论，成功塑造了行业标杆形象。

3. 数据化运营：动态调优传播效能

通过"秒针系统"与"自定义爬虫"监测全网口碑，针对"剧情节奏争议"快速调整宣传重点，发布未曝光彩蛋片段以平息质疑。在抖音不同版本的预告片（热血vs温情）分区投放,根据完播率、点赞转化数据,最终选定"高燃混剪+亲情彩蛋"组合作为爆款模板。微信小程序"哪吒封神榜"搭建粉丝社区,用户通过签到、影评投稿兑换限量周边,首周留存率达到62%,为续作积累了核心用户池。

4. 伦理与创新平衡

主动公开AI辅助在动画制作中的比例(如场景草图由AI生成,关键帧仍由画师完成),以此回应"机器取代人工"的争议。联合中国动漫集团发起"青年动画人才扶持计划",通过电影部分收益反哺行业,进一步提升品牌美誉度。

结语

《哪吒2》的多平台分发策略实现了从"流量覆盖"到"情感连接"的升级,基于平台特点切割内容形态,避免"一套素材全域分发"的粗放模式,做到了精准化;打通"线上话题—线下体验—社区共创—产业联动"的价值链路,构建IP长线生命力,体现了生态化;数据监控贯穿传播全周期,实现"策划—执行—反馈"的闭环优化,达成敏捷化。该案例为国产电影宣发提供了"技术赋能内容、数据驱动决策、生态沉淀价值"的标杆范式。

二、新媒体传播项目中期评估与调适

在新媒体传播项目中,中期评估犹如连接项目启动阶段与后续实施阶段的一座桥梁,发挥着承上启下的关键作用。它不仅能够确保项目按照既定目标和时间表稳步推进,还能为后续实施阶段提供有价值的反馈与切实可行的改进建议。通过全面审查与评估,项目组能够及时发现并解决潜在的问题与风险,避免在项目后期陷入难以挽回的困境,从而保障项目沿着正确的方向前行,并最终达成预期目标。

(一)中期评估指标体系构建

1. 中期评估指标体系构建原则

以SMART原则与OSM模型为核心,结合目标导向性等原则,构建一套精准而灵活的评估体系。

SMART原则:聚焦中期目标的动态校准与阶段适配。

SMART 原则是确保新媒体传播项目中期目标清晰、可执行、可评估的核心工具,需结合项目阶段性特征,突出中期节点的动态调整逻辑,涵盖以下五个要素:

① 具体性:要求指标明确且详细地阐述,避免模糊和笼统。例如,"将微信公众号粉丝增长率提升至15%",相比于模糊的"增加粉丝量",表述更为清晰。

② 可测性:需要对指标进行量化,以便进行数据跟踪和效果验证。在新媒体项目中,可通过设定具体的 KPI来实现可测性。例如,"将用户互动率提升至 5%"。

③ 可实现性:基于中期资源的动态变化(如人力调整、预算剩余)制定合理目标,

避免脱离实际执行条件。例如,"考虑到中期仅剩30%预算,计划通过优化现有内容二次剪辑(如将爆款图文拆解为短视频片段),实现小红书笔记曝光量环比增长20%",体现对资源阶段性约束的适配。

④ 相关性:指标应与项目整体战略保持一致,确保目标的实现对组织或个人具有重要意义。根据用户行为修正相关目标,此目标与公司战略及用户需求紧密相连,例如,"针对当前市场需求,在两个月内完成用户反馈最多的功能模块升级并上线"。

⑤ 时限性:需明确中期的"子时间节点",细化任务节奏以保障执行效率。例如,"第6周调整内容发布策略,第7周监测优化效果并输出中期报告",通过分阶段时间轴强化过程管控。

SMART原则保证了每个指标清晰、具体、可执行,非常适用于中期评估中对阶段性成果的量化考核。例如,某新媒体账号中期数据显示粉丝仅增长5%,启动SMART原则进行动态调整:将图文预算转投短视频以优化资源分配,按Z世代活跃时段调整发布时间,并延长1个月周期、增设每周复盘,最终推动目标达成。

(2)OSM模型:目标分解与策略关联。

OSM模型是新媒体传播项目管理中一个行之有效的工具,能够帮助项目团队明确目标、制定策略、衡量成果。它由三个部分组成:目标(Objective)、策略(Strategy)和衡量(Measurement)。

① 目标:目标是项目成功的起点,必须具体、明确,且与项目整体战略相符。例如,故宫博物院借助微博、微信等新媒体平台,推出了一系列融合传统文化与现代审美、兼具趣味性与教育意义的文化产品,实现了内容创意与文化传播的协同创新。该目标明确了借助新媒体平台推广文化产品的方向与故宫博物院的文化传播使命是一致的。

② 策略:策略应对应具体行动,需要具体、可执行,能够解决实现目标过程中可能遇到的障碍。例如,深圳广播电影电视集团推出了系列融媒直播《你好 星期一》。此策略具体且可执行,因为它涉及了推出系列融媒体直播这一具体行动,并充分利用了现有的媒体资源与技术。

③ 衡量:衡量是对策略执行效果的评估过程,需要具备可量化、可跟踪的特点,并能够及时反馈信息。例如,"将广告点击率提升至3%",这是一个可通过数据量化与跟踪的指标。

例如,某新媒体项目在中期评估时,运用SMART原则设定"3个月内运营的新媒体账号用户增长率达到10%"的目标,结合OSM模型将其分解为"内容优化+广告投放"的策略,并动态调整资源分配。

OSM模型通过"目标—策略—衡量"的逻辑链,将抽象的目标转化为可执行的策略与目标,适用于复杂项目的分层管理。中期评估聚焦阶段性成果,SMART原则的量化特点与OSM模型的策略关联性能够更精准地衡量项目进展。此外,还需遵循目标导向性、全面性、动态性等原则。目标导向性原则确保所有指标围绕核心目标,避免冗余;全面性原则指在SMART原则下覆盖内容、传播、用户等多个维度；动态性原则是根据中期反馈灵活调整指标权重或新增评估项。

2. 中期评估指标体系的构建方法

新媒体传播项目中期评估指标体系的构建，常见方法有层次分析法（Analytic Hierarchy Process，AHP）、平衡计分卡法（Balanced Score Card，BSC）和数据挖掘法。

（1）AHP：将新媒体传播项目的影响因素分解为不同层次，自上而下依次为项目目标层、指标层（传播效能、用户转化、资源投入产出）和数据层（曝光量增长率、用户互动率、私域引流率、转化漏斗完成度、ROI、单用户LTV）。例如，在项目目标层确定提升品牌影响力后，指标层可以设置品牌知名度、美誉度、用户忠诚度等指标，数据层则可以通过具体的阅读量、点赞量、评论量等数据来衡量这些指标。AHP的典型应用框架如图7-1所示。运用AHP，能够清晰构建评估指标体系的层次结构，使评估更具系统性和科学性。

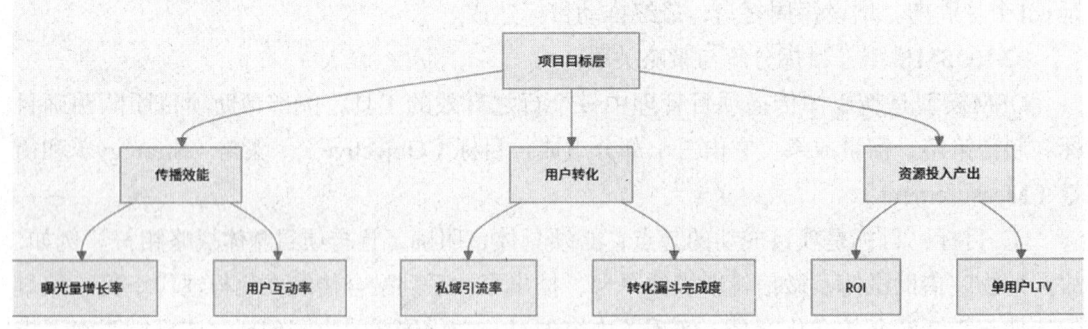

图 7-1 AHP 的典型应用框架

（2）BSC：从财务、客户、内部流程、学习与成长四个维度构建评估指标体系。在新媒体传播项目中，财务维度可以关注项目投入产出比、广告收入等；客户维度可以关注用户满意度、忠诚度、转化率等；内部流程维度可以评估内容创作、审核、发布的流程效率与质量；学习与成长维度可以关注团队成员专业技能的提升、创新能力的培养等。BSC能全面考量项目各方面，平衡短期目标与长期发展，为项目评估与调适提供多维度视角。

（3）数据挖掘法：借助数据挖掘技术对海量新媒体传播数据进行挖掘与分析，发现数据中的潜在规律与关联，从而确定评估指标。例如，通过挖掘用户行为数据，能够发现用户对不同类型内容的偏好、不同时间段的活跃度等规律，从而明确内容创作与发布的重点方向及最佳时间，为评估指标体系的构建提供数据支撑。

对于中小型新媒体传播项目而言，AHP在简便性与效果方面达到了最佳平衡，尤其适用于资源有限且需要快速构建定制化指标体系的场景。若团队具备数据分析能力，可结合数据挖掘法提升效率；若项目需要长期战略跟踪，再考虑引入BSC。建议以AHP为核心，辅以数据工具支持，实现科学、高效的量化评估。

（二）数据驱动的动态监测体系

1. 多源数据融合分析

（1）打通数据孤岛。在新媒体传播项目中，数据通常分散于不同平台与渠道，如社交媒体平台、网站、移动应用等，这些数据相互孤立，形成数据孤岛。为实现多源数据的融合与分析，需通过技术手段将数据整合至统一的数据平台。例如，运用数据接口技术将不同平台的数据导入数据仓库，进行数据清洗、转换与整合，让数据能够在同一平台上进行挖掘和分析。

（2）挖掘深层关联。通过对多源数据的融合分析，可挖掘数据间的深层关联，更全面地了解新媒体传播效果与用户行为。例如，将社交媒体上的用户评论数据与销售数据进行关联分析，能够发现用户对产品的评价与销售业绩之间的关系，为产品改进与营销策略调整提供依据。根据美国数据科学家维克托·迈尔·舍恩伯格的观点，大数据的价值在于挖掘数据背后的潜在信息与关联，而多源数据融合分析能够充分发挥大数据的价值，为新媒体传播项目决策提供有力支持。

2. 实时看板与预警机制

（1）实时看板设计。实时看板是数据驱动的动态监测体系的重要组成部分，能够直观展示新媒体传播项目的实时数据与关键指标。在设计实时看板时，首先，要明确看板的目标用户，根据不同需求选择合适的图表类型与展示方式。例如，对于管理层，可重点展示项目整体业绩指标，如阅读量、点赞量、转化率等，可以采用柱状图、折线图等直观形式进行展示；对于运营人员，可以展示更详细的数据，如不同渠道的流量来源、用户地域分布等，采用地图、表格等形式进行展示。其次，实时看板应具备实时更新功能，以确保数据的及时性与准确性。

（2）预警规则智能化。预警机制是实时看板的重要补充，能依据预警规则对异常数据进行实时监测与预警。在设置预警规则时，可根据历史数据与行业标准确定合理的阈值范围。当数据超出阈值时，系统会自动发出预警信号。例如，当某一内容的阅读量在短时间内出现异常增长或下降时，系统可以及时预警，提醒运营人员关注并采取相应措施。预警规则的智能化可通过机器学习算法实现，通过对历史数据的学习和分析，持续优化预警规则，提高预警的准确性和及时性。机器学习算法能够自动调整阈值、识别异常模式，更好地适应不断变化的数据环境。例如，在工业生产系统中，预警系统通过对设备运行数据的学习，能够预测设备故障，提前发出预警，从而有效减少停机时间。此外，机器学习算法还可以通过数据融合技术，整合多源数据，进一步提高预警的全面性和准确性。

在新媒体传播项目的中期评估阶段，实时看板和预警机制为项目调整提供数据支撑。运营团队可以依据实时数据评估项目的传播效果，并及时调整策略。例如，若发现某类商品的转化率持续低于预期时，可以及时调整推广策略或优化商品组合。

(三)敏捷调适策略工具箱

在当下快速变化的市场环境中,品牌和企业必须具备敏捷调适能力,以应对各类突发状况和市场变化。以下是一套基于实际案例的敏捷调适策略工具箱,帮助企业在复杂多变的市场中保持竞争力。

1. 内容优化三阶模型

内容优化已成为吸引用户的关键。新媒体内容优化应遵循"数据驱动、用户导向"的原则,借助热点借力、形式迭代、场景适配三阶模型,帮助内容创作者更精准地把握用户需求,提升内容吸引力,实现精准触达与效能提升。

第一阶:热点借力——数据工具驱动选题的敏捷迭代

借势热点是低成本引爆传播的核心策略。传播团队借助百度指数、微信指数等工具,内容创作者能够快速了解当下热点话题,进而调整选题方向。例如,瑞幸咖啡推出的"酱香拿铁"通过监测百度指数、微信指数中关于"茅台联名"的舆情热度,迅速锁定跨界营销选题,借助茅台品牌的势能,3天内单品销量突破542万杯。还可依托大数据工具实时捕捉行业热搜词、话题声量,筛选高潜力选题方向,快速产出关联内容,抢占流量窗口期。例如,教育类账号可借势高考季"志愿填报"指数峰值,推出干货指南,提升内容时效性与用户关注度。

第二阶:形式迭代——以完播率为导向的内容形态升级

用户注意力稀缺促使内容形态需动态调整。根据完播率等数据反馈,内容创作者可灵活切换内容形态,如从图文转向短视频或直播。例如,某知识博主起初以图文为主,但完播率数据显示不足30%,于是将核心知识点拆解为1分钟的短视频,完播率提升至65%;后续通过直播答疑强化互动,用户留存率又增加了20%。数据验证了"图文→短视频→直播"的递进逻辑:短视频以碎片化、视觉化适配快节奏消费,直播则以强交互满足深度需求。团队需定期复盘内容表现,针对低完播率模块优化节奏、强化钩子设计,实现形式与用户偏好的精准匹配。

第三阶:场景适配——平台逻辑重构内容基因

场景适配是内容优化的关键环节。不同平台拥有不同用户群体与使用场景,内容创作者需依据平台特点重构内容。例如,同一款美妆产品,在知乎需呈现成分深度测评、专利技术解析,凭借专业背书打动理性用户;在抖音则需压缩为15秒的"反转剧情"——素人通过产品实现肤色逆袭,契合娱乐化、强节奏的平台生态。关键在于深入剖析平台规则:小红书注重"种草"氛围与视觉美学,B站强调"圈层"文化与用户认同感,微博则依靠话题性实现社交裂变传播。通过深入分析各平台排名前100的爆款内容结构,提炼标题创作范式、节奏把控模板以及互动话术技巧,能够系统提高内容与平台的适配程度,有效降低创作过程中的试错成本。

三阶模型以数据为锚点，从选题响应、形态进化到场景深耕逐层穿透，本质上是通过"用户行为—数据反馈—内容迭代"闭环，实现传播效率的指数级增长，从而在激烈的市场竞争中脱颖而出。

2. KOL效果未达预期的优化策略

在新媒体传播项目中，KOL的传播效果至关重要。当KOL的效果未达预期时，需要迅速采取优化策略。

首先，要对KOL的粉丝画像进行精准分析，确保粉丝画像的匹配度超过60%。如果匹配度不足，可能导致推广内容无法精准触达目标用户，从而影响传播效果。针对粉丝画像匹配度达标但效果仍欠佳的情况，可从优化内容脚本与投放时段着手。与KOL沟通，结合其风格和用户喜好，调整内容脚本，使其更具吸引力与传播力。其次，分析目标用户的活跃时间，优化投放时段，提高内容曝光率和互动率。

考虑更换KOL也是一种必要的策略。不同领域的KOL在特定用户群体中的影响力各不相同。若当前KOL效果不佳，则可以尝试更换与项目更匹配的KOL。同时，应启动备选名单，确保在更换KOL时能够迅速找到合适的替代者，以减少对项目进度的影响。

最后，为保障项目利益，可重新签订对赌协议。在对赌协议中，明确KOL的推广目标与相应的奖励机制，激励KOL更积极地投入推广活动，提升传播效果，确保项目顺利实现预期目标。

3. 风险对冲机制

在短视频传播项目进入中期评估阶段后，风险对冲机制犹如项目的智能安全系统，通过三重防护体系为内容传播保驾护航。本机制基于"事前预防—事中管控—事后迭代"的敏捷逻辑，构建起动态风险抵御网络。

第一重防护：采用平台冗余设计，以抖音+视频号双轨并行架构形成传播"双保险"。实际运营发现，双平台协同不仅规避了单平台封禁风险（某公司在直播时因技术故障导致主平台推流中断，备用平台及时承接了超过70%的用户），还通过差异化内容投放实现跨平台引流。监测数据显示，双平台协同使整体观众留存率显著提升，用户画像互补性较高，形成协同增效的传播矩阵效应。

第二重防护：建立舆情防火墙体系，将危机响应时间压缩至极短。通过拆解大量历史舆情案例，可以构建多组标准化应对模板，覆盖大部分常见突发场景。这套机制配合全天候监测机制，在某次直播中成功迅速完成负面舆情识别、分级响应与定向引导全流程，将潜在危机消解在萌芽阶段。监测数据显示，该机制有效减缓了负面舆情的扩散速度，为策略调适赢得关键时间窗口。

第三重防护：聚焦理论与实践的转化，将风险应对经验沉淀为可复用的敏捷策略。中期评估结果显示，项目团队通过定期的风险复盘，累计形成了多项优化策略，包括建立跨平台流量迁移标准流程、开发智能预警系统等。这些源于实战的优化措施，使项目团队风险响应效率显著提升，验证了"实践—理论—再实践"的敏捷闭环价值。

风险对冲机制本质上是通过系统化设计将不确定性转化为可控变量，在保障传播安全的同时，催生新的增长机会。正如汽车安全气囊在碰撞瞬间的精准触发，这套机制正成为新媒体项目穿越风险迷雾的领航者。

（四）中期评估报告标准化模板

以下是新媒体传播项目中期评估报告标准化模板的主要内容。

1. 项目概述

（1）项目背景：简要说明新媒体传播项目启动的背景和初衷，包括市场环境、目标用户需求、品牌发展需求等因素。

（2）项目目标：明确项目在中期评估阶段所要达成的具体目标，如品牌知名度提升、用户增长、产品销量增长等量化指标。

（3）项目范围：明确项目的传播范围，包括涉及的媒体平台、地域范围和用户群体等。

2. 评估目的

（1）监测项目进展：了解项目在中期评估阶段的执行情况，包括是否按计划推进、各项任务是否按时完成等。

（2）评估项目效果：对项目的传播效果进行量化评估，如曝光量、点击量、转化率等指标，以判断项目是否达到预期效果。

（3）发现问题与风险：识别项目执行过程中存在的问题和潜在风险，为后续调适提供依据。

3. 评估指标体系

（1）传播效能指标。

① 内容曝光量增长率：衡量项目内容在各平台上的曝光量增长情况。

② 用户互动率：包括点赞、评论、分享等互动行为的比例，反映用户对内容的参与度。

（2）用户行为转化指标。

① 私域引流率：评估从公域引流至私域的用户比例。

② 转化漏斗完成度：分析用户从接触内容到完成转化的各个环节转化率。

（3）资源投入产出指标。

① ROI：用于计算项目投入与产出的比值，评估资源利用效率。

② 单用户生命周期价值（Life Time Value，LTV）：预测每个用户的平均生命周期价值。

4. 评估方法

（1）数据收集：说明数据来源，包括平台后台数据、第三方监测工具数据、问卷调查数据等。

（2）数据分析：采用的数据分析方法，包括描述性统计分析和对比分析、趋势分析等。

（3）评估模型：介绍所使用的评估模型，如AHP、BSC等。

5. 评估结果与分析

（1）传播效能评估：展示内容的曝光量增长率、用户互动率等指标的评估结果，并进行分析，找出影响传播效能的关键因素。

（2）用户行为转化评估：展示私域引流率、转化漏斗完成度等指标的评估结果，分析用户转化过程中的问题和瓶颈。

（3）资源投入产出评估：提供ROI、单用户LTV等指标的评估结果，以评估项目的经济效益和资源利用效率。

6. 风险评估与调适

（1）风险识别：识别项目执行过程中可能面临的风险，如平台政策变化、竞争对手冲击、内容质量下降等。

（2）风险评估：对识别出的风险进行评估，分析其发生的可能性及其对项目的影响程度。

（3）调适策略：针对风险提出相应的调适策略，如优化内容策略、调整投放渠道、加强品牌建设等。

7. 结论与建议

（1）评估结论：总结项目在中期评估阶段的评估结果，明确项目是否达到了预期目标，并指出存在的主要问题和风险。

（2）后续建议：针对项目后续执行提出建议，包括优化策略、资源配置和风险应对等方面，为项目的顺利推进提供指导。

三、危机传播应对与舆情管理

危机传播应对与舆情管理是政府机构、企事业单位在面对突发事件及负面信息时的关键课题。一套行之有效的危机预警机制与舆情处理策略能够在危机发生时，最大程度地减轻负面影响，维护组织的声誉和稳定。

（一）危机传播与舆情管理的核心逻辑

1. 新媒体环境下的危机传播特征

在新媒体环境中，危机传播呈现出三大显著特征，这些特征深刻反映了信息生态的颠覆性变革：

（1）传播速度呈裂变式爆发。短视频平台依托算法推荐和社交裂变机制，使危机信息呈指数级扩散。例如，某品牌质量问题一经曝光，相关视频在抖音平台短短数小时内播放量便突破千万次。这一传播速度远远超过传统媒体时代数周的传播周期，极大地压缩了危机响应的窗口期。

（2）跨平台共振放大舆情势能。危机事件借助多平台接力传播，迅速形成舆论风暴。以农夫山泉舆情事件为例，微博热搜率先引发话题发酵，微信社群推动信息裂变传播，抖音上的二次创作则通过算法实现精准扩散。多平台的联动使单一事件演变为全网关注的议题，舆情能量呈几何级数叠加，企业常规的公关手段往往难以应对。

（3）用户共创重构传播权力结构。UGC已成为危机扩散的核心驱动力。公众通过短视频剪辑、设置话题标签、制作表情包等方式，在社交平台上创作内容、发表观点、参与评论。这种参与式传播模式不仅突破了官方的叙事框架，还容易引发群体情绪共振。在某品牌虚假宣传事件中，用户创作的质疑视频不断扩散，形成"滚雪球效应"，使企业陷入被动回应的困境。这种去中心化的传播模式打破了传统危机管控的路径依赖。

这些特征共同构建了"瞬时引爆—全网共振—群体解构"的新型危机演化链条，迫使组织必须建立全天候的舆情监测体系和敏捷的响应机制，实现从被动应对危机到主动开展生态化治理的转变。

案例：从农夫山泉"花圈事件"看新媒体环境下的舆情传播与企业危机

2024年3月，农夫山泉创始人钟睒睒送花圈悼念娃哈哈创始人宗庆后，引发公众关注。部分自媒体断章取义，借用"农夫与蛇"等隐喻制作短视频，在抖音等平台传播，致使农夫山泉陷入负面舆情。事件最初在微博发酵，相关话题迅速登上热搜，引发广泛讨论。随后，微信社群大量转发相关内容，进一步扩大传播范围。在抖音平台上，自媒体内容创作者通过二次创作和算法推荐机制，使短视频获得大量点赞和转发，加剧了事件的扩散。多平台联动传播极大提升了事件影响力，农夫山泉品牌形象受损，公司不得不采取危机公关措施，包括澄清事实和推出新产品。这一案例充分凸显了新媒体环境下舆情传播的特点，警示企业务必加强多平台舆情监测和提高危机应对能力。

2. 危机传播的"黄金4小时"原则

在新媒体时代，危机响应的时效性要求已从传统媒体时代的"黄金24小时"原则，迭代为"黄金4小时"原则，其核心逻辑体现在以下三个方面：

（1）首轮响应时效决定舆情走向。危机事件在短视频与社交平台的裂变传播，使舆论失控风险呈指数级上升。例如，上海航空在2024年7月因延误事件未能在4小时内回应，导致两天内产生65717条舆情信息，充分印证了"沉默即默认"的传播定律。首轮响应必须在窗口期内完成事实确认与初步表态，以避免舆情"雪崩"。

（2）全平台矩阵化响应体系。跨平台传播的特点要求企业建立多端口同步发声机制。当品牌爆发危机时，微博声明需与微信、抖音等平台协同配合，形成信息闭环，覆盖话题讨论区与UGC内容集散地。只有通过全平台实时互动，才有可能将危机转化为品牌机遇，验证矩阵传播的市场价值。

（3）动态化沟通闭环构建。"黄金4小时"原则强调"响应—跟踪—迭代"的动态管理模式：首次声明发布后，需持续监测舆情热点，通过数据追踪及时调整沟通策略。在某环保危机案例中，企业先发布道歉声明，随后每日披露整改进展，最终实现舆论反转，展现了危机管理从单纯的时效战向持久战的必要演进。危机传播的"黄金4小时"原则如表7-1所示。

表7-1　危机传播的"黄金4小时"原则

响应阶段	关键动作	目标
0～1小时	启动舆情监测系统，确认事实真相	避免信息真空，防止谣言扩散
1～2小时	撰写首份声明（事实确认+情绪安抚）	抢占舆论先机，掌握话语权
2～4小时	全平台矩阵发表声明，联动KOL引导理性讨论	形成信息闭环，控制舆情发酵

在新媒体环境下，危机传播的特征发生了显著变化，传播速度更快、多平台联动扩散、用户参与式传播成为新的传播特点。面对这些变化，品牌和企业的危机响应必须从单点突破升级为"4小时响应+全周期管理"的综合体系，推动组织建立分钟级预警机制与柔性化沟通框架，这样才能在信息爆炸时代掌握主动权。

（二）危机预警与监测机制

在信息传播速度以秒计算的新媒体时代，危机管理已从被动应对转变为前置防御。构建"智能监测—分级响应—实战淬炼"的闭环体系，已成为企业抵御风险的核心竞争力。以下从四个维度解析现代危机预警机制的构建逻辑与实践路径。

1. 风险识别与评估

（1）潜在风险分类。

① 产品/服务类：重点关注用户体验痛点，涵盖产品质量问题、服务体验不佳、产品功能缺陷等。这类风险直接关系到消费者的切身利益，一旦发生，极易迅速引发公众关注和负面舆情。例如，某品牌手机电池自燃事件，由于未及时监测用户论坛投诉，短视频平台爆发"燃烧门"舆情。

② 价值观类：着重防范文化认知冲突，涉及品牌言论争议、广告内容不当、企业价值观与公众认知不符等情况。这类风险可能引发公众对品牌价值观的质疑，进而严重影响品牌形象。例如，2025年1月，江小白旗下梅见青梅酒因广告中的不当文案引发了广泛关注，迅速成为社交媒体和新闻报道的焦点，并导致公众抵制。

③ 外部关联类：建立供应链舆情图谱，包括供应链舆情、合作伙伴问题、行业政策变化等。这类风险虽然源于企业外部，但同样会对企业运营和声誉产生重大影响。例如，某食

品企业通过监测供应商的环保数据,提前预警原料污染风险,成功避免了重大品牌危机。

(2)新媒体风险评估工具。

构建"智能监测工具+人工研判"两层监测网络,形成监测矩阵。智能监测工具主要包括商业系统与开源技术。常用的商业软件工具有识微商情监测系统、清博舆情、巨量算数、百度舆情和新浪舆情通等,这些工具能够实时捕捉负面关键词,提前预警舆情爆发趋势,追踪舆情传播链路,精准分析KOC(Key Opinion Consumer,关键意见消费者)的传播影响力。在开源技术方面,可以使用TextBlob搭建基础情感分析模型,结合PyTorch框架训练行业专属NLP模型。通过情感分析,企业能够快速识别潜在的舆情危机,并及时采取相应措施。

人工研判机制设立7×24小时舆情值班岗,配备传播学、心理学等专业分析师,对AI标注的红色预警信息进行二次研判,避免因机器误判导致过度反应。

2. 预警响应体系搭建

(1)团队分工。

核心决策组(战略中枢):由企业高管和公关(PR)负责人组成,负责在危机发生后的4小时内制定危机管理的整体策略和决策,确保危机管理方向的正确性。例如,在某互联网公司发生数据泄露事件时,由CEO(首席执行官)、CMO和法务总监组成战时指挥部,配备专用决策室与数据大屏。决策层在2小时内完成舆情定级、回应基调确认、资源调配方案制定,并启动"熔断机制"(一种在系统出现异常或风险时,通过暂停或限制某些操作以防止问题进一步扩大的保护机制),暂停所有数据接口访问,迅速化解危机。

执行组(战术单元):包括内容生产团队、渠道运营团队和数据分析团队,负责具体执行危机管理措施,实现各平台同步响应与数据追踪。内容生产团队负责撰写官方声明和回应文案,在15分钟内产出声明模板,并配备多版本话术库(致歉/澄清/承诺三类);渠道运营团队负责在各个平台发布信息,例如建立"微博+微信+抖音+知乎"四维发布矩阵。某美妆品牌在危机中同步在30个社媒账号发声,2小时内覆盖85%的目标用户;数据分析团队负责监测舆情动态和评估效果,实时追踪舆情热力值,每小时输出传播路径图谱,为策略调整提供数据支撑。

法律顾问组(风险闸门):负责审核危机管理措施的合规性,确保企业在危机应对过程中符合法律法规要求。例如,建立声明合规性审查SOP,提供法律建议,重点规避二次法律风险。

(2)预警阈值设定。

预警阈值是危机预警体系的关键环节,企业应根据行业及自身情况设定合理的阈值,以便及时发现潜在危机。

① 关键词监测:设置品牌名称与负面情感词的组合,如"品牌名+质量问题""品牌名+差评"等。一旦这些关键词在社交媒体上出现,系统就会自动触发预警。

② 传播量级阈值:设定单条微博的转发量、评论量或点赞量的阈值。例如,当单条

微博的转发量超过1万次时,系统将触发预警。通过监测传播量级,企业能够及时发现舆情扩散的趋势。

(3)模拟演练与预案迭代。

定期开展模拟演练和预案迭代是提升危机应对能力的重要手段。企业定期开展"红蓝对抗"模拟危机演练,设定如产品召回事件等假想危机场景进行实战演练。在演练过程中,团队成员依据既定预案操作,以此检验预案可行性和团队协作能力;同时基于历史数据以及模拟演练结果,持续优化危机响应SOP。例如,复盘合肥三只羊网络科技有限公司虚假宣传事件,分析其危机应对的优劣之处,并结合自身实际情况完善企业危机管理预案,从而不断提升危机应对能力。

2. 动态预警模型

(1)开发智能预警指数体系。

① 传播动力学模型:设置三级响应阈值。

黄色预警(传播量1万+情感值-0.3):自动推送邮件提醒。

橙色预警(传播量10万+情感值-0.7):触发跨部门协作流程。

红色预警(热搜前十+情感值-1.0):直接唤醒决策层。

② 跨平台共振指数:计算微博话题、微信指数、抖音热榜的关联度,当三个平台相关性超过0.8时,自动升级为重大危机事件。某快消品舆情因跨平台共振指数达到0.92,系统提前6小时预测出舆情风暴。

(2)动态预警模型:类似利用智能算法预测危机的"天气预报系统"。

① 智能预警指数体系——给危机装温度计。这套系统为舆情危机设定了可量化的指标。传播量类似测量体温,当单日传播量超过1万次,说明话题开始升温;情感值(范围为-1~1)类似情绪血压计,负数越大代表负面情绪越强。当这两个指标组合超标,就会触发分级警报:黄灯(传播量1万/情感值-0.3):自动给值班人员发邮件,如同轻度感冒提醒吃药;橙灯(传播量10万/情感值-0.7):启动跨部门应急小组,类似发烧需联合治疗;红灯(热搜前十/情感值-1.0):直接报告至CEO办公室,类似病危必须专家会诊。

② 传播动力学模型——预判"病毒"扩散路径。借鉴流行病学原理,系统能够像计算病毒传播一样预测舆情走势。通过分析传播节点(如大V转发)、用户互动模式(评论/点赞比例),实时推算未来6~12小时的扩散速度和范围。就像气象台通过风速预测台风路径一样,提前标出可能引爆的"舆论暴风眼"。

③ 跨平台共振指数——捕捉全网的"蝴蝶效应"。当微博话题、微信指数、抖音热榜同时出现相关讨论(相关性>0.8)时,系统会自动升级危机等级。例如,某饮料品牌曾在三个平台同时被热议,系统通过计算跨平台共振指数(达到0.92)提前6小时发出红色预警,使企业在负面话题冲上热搜前完成预案部署。

这套模型就像给企业装上"危机雷达",不仅能实时监测舆论场的动态,还能通过数据推演预判危机走向。当传统人工监测还在逐条分析评论时,智能系统已通过动态阈值和跨平台关联分析，把应急响应从 "事后灭火"转变为"提前拆弹"。

危机预警与监测机制是政府及事业单位应对危机的重要工具。通过明确风险分类、利用新媒体风险评估工具、合理分工、设定预警阈值，以及定期开展模拟演练和预案迭代，企业能够有效识别潜在风险，及时做出响应，降低危机对企业的负面影响。在新媒体时代，企业必须不断提升危机管理能力，以应对复杂多变的市场环境。

（三）舆情应对策略与实操框架

有效的舆情应对策略不仅能够化解危机，还能通过积极沟通和透明化处理，提升企业的品牌形象和公众信任度。舆情应对策略与实操框架涵盖舆情分级响应机制、新媒体场景下的应对策略、关键动作标准化以及数据驱动的效果评估。

1. 舆情分级响应机制

在新媒体环境下，舆情事件的严重程度和传播速度差异较大，因此需要建立分级响应机制，根据事件的严重性采取相应的应对措施。

（1）一级（轻度）：评论区的负面言论。

① 特征：负面言论主要集中在品牌官方账号的评论区，传播范围有限，未引发跨平台扩散。

② 应对措施：由客服团队通过私信与用户沟通，解决用户问题，安抚情绪，避免负面言论进一步扩散。

（2）二级（中度）：跨平台传播。

① 特征：负面言论已从单一平台传播至多个平台，如微博、微信、抖音等，传播范围较广，但尚未引发大规模关注。

② 应对措施：发布官方声明，澄清事实，同时与相关媒体沟通，借助媒体的力量引导舆论走向。通过多平台同步发声，降低负面舆情的影响。

（3）三级（重度）：热搜级事件。

① 特征：负面事件登上社交媒体热搜榜，引发广泛关注和讨论，可能对品牌形象造成重大影响。

② 应对措施：由企业高层（如CEO）出面道歉，明确表达企业态度和改进措施，同时推出利益补偿方案，如赠送优惠券、退款等，以实际行动挽回用户信任。

2. 新媒体场景下的应对策略

在新媒体环境下，信息传播迅速且复杂，企业需要结合不同平台的特点，制定针对性的应对策略。

（1）内容层面：可采用短视频回应与直播答疑两种方式。短视频回应利用短视频平台的可视化优势，发布检测报告、产品说明或高管讲话等视频内容，以直接澄清事实，增强信息可信度；直播答疑则是通过直播平台，由高管或品牌负责人直面用户，实时解答疑问，从而增强用户信任。

（2）渠道层面：需做好主战场选择与KOL/KOC合作。主战场选择应依据舆情传播的主要平台，在微博发布官方声明，于微信私域进行用户安抚，并利用抖音开展内容引导，以此形成多平台协同作战的态势；而KOL/KOC合作则是通过与KOL或KOC携手，借助第三方背书来降低用户的对抗心理，从而引导舆论走向理性。

3. 关键动作标准化

在舆情应对中，标准化的关键举措能够确保企业在危急时刻迅速、准确地做出反应。

（1）首次回应模板。

① 事实确认：在初步了解事件后，应发布简短声明，确认正在调查，并争取时间收集更多信息。

② 情绪安抚：表达对用户关切的重视，安抚公众情绪。

③ 承诺解决时间：明确告知公众将在多长时间内发布进一步的调查结果。

（2）二次回应模板。

① 事件原因：详细说明事件的起因和经过。

② 整改措施：公布具体的改进措施，展示企业解决问题的决心。

③ 用户补偿方案：针对受影响用户提出补偿措施，如退款、赠送优惠券等，以实际行动挽回用户信任。

4. 数据驱动的效果评估

舆情应对的效果评估是优化危机管理策略的重要环节。通过数据驱动的效果评估，企业可以更加精准地衡量应对措施的效果。

短效指标主要包括舆情热度下降速度和负面情感占比变化。舆情热度下降速度用于评估负面舆情的热度能否在短时间内得到有效控制，下降速度越快，意味着应对措施越有效；负面情感占比变化则是借助舆情情感分析工具，监测负面情感占比的动态，以此评估公众情绪是否正逐渐趋于理性。

长效指标主要包括品牌搜索指数恢复周期和用户留存率。品牌搜索指数恢复周期用于评估品牌在搜索引擎中的热度能否恢复至正常水平，恢复周期越短，说明品牌形象修复速度越快。用户留存率则通过对用户行为数据的分析，来衡量危机事件对用户忠诚度产生的影响，留存率越高，表明应对措施越成功。

在新媒体环境下，舆情管理是企业品牌建设和危机应对的重要组成部分。通过建立舆情分级响应机制、制定新媒体场景下的应对策略、关键动作标准化和数据驱动的效果评估，企业可以更有效地应对舆情危机。实践表明，这些策略不仅能够化解危机，还能通过积极沟通和透明化处理，提升企业的品牌形象和公众信任度。

（四）危机后的品牌修复与品牌重塑

危机事件平息后，品牌修复的核心在于将"信任缺口"转化为"改进动能"。通过用户信任的重建、品牌形象的重塑和内部能力的升级三大行动，企业不仅能够修复损伤，还能实现品牌韧性提升。

1. 信任重建：通过透明机制修复用户关系

（1）全流程透明化整改。建立"危机整改直播间"，通过短视频、图文日报等形式，实时披露产品召回、流程优化等整改细节。例如，某母婴品牌因质量问题被曝光后，连续30天直播生产线改造过程，观看量超过500万次，用户差评率下降62%。设置整改进度可视化看板，量化展示供应商审查通过率、用户投诉处理时效等关键指标，使改进成果可测量、可验证。

（2）用户共治体系搭建。组建"用户陪审团"，遴选消费者代表、行业专家组成监督小组，参与危机解决方案的制定。在某车企刹车系统危机事件中，邀请车主代表全程参与第三方检测机构的选定，使召回方案的接受度提升45%。开通"整改建议直通车"，对用户提供的有效建议予以采纳并给予积分奖励，形成"危机共治"生态。某电商平台数据泄露事件后，在用户提交的127条安全建议中有31条被纳入系统升级方案。

2. 形象重塑：通过价值共鸣重塑品牌认知

（1）公益价值锚定。设计"救赎型公益项目"，将危机教训转化为社会责任行动。某食品企业因卫生问题被曝光后，发起"透明工厂计划"，每季度邀请消费者代表参观生产线，同时将参观流量转化为对贫困地区学校午餐捐赠。开发"公益积分"体系，用户参与品牌整改互动可兑换公益捐赠额度，实现口碑修复与社会价值的双赢。

（2）内容价值再造。打造"重生叙事"内容矩阵，通过纪录片、用户故事合集等形式，呈现品牌变革历程。例如，某连锁餐饮品牌在危机后推出的《重生日记》微纪录片系列，在抖音平台获赞超2000万次，品牌搜索量回升至危机前水平。发起"价值共识计划"，将整改成果转化为产品卖点。某美妆品牌在成分风波后，推出"成分溯源"小程序，用户扫描产品即可查看全链路检测报告，相关产品的复购率提升了37%。

3. 能力升级：通过知识积累构建免疫系统

（1）危机知识图谱构建。建立三维度案例库：历史事件库（收录300余行业危机案例）、应对策略库（分类存储声明模板、沟通话术等资料）、效果数据库（记录舆情转折点的关键数据）。某互联网大厂案例库年均调用量超过2万次，危机响应效率提升60%。开发"危机模拟沙盘系统"，结合AI技术生成定制化演练场景，管理层年均完成12小时情景模拟训练。

（2）组织能力认证体系。实施"危机管理段位制"，将全员应灾能力划分为九个等级，并与晋升体系挂钩。某金融机构要求中层以上管理者必须通过"黄金48小时"危机处置模拟考核。设立"首席复盘官"岗位，专职负责将危机经验转化为标准化操作手册。某快消企业通过该机制将同类危机的复发率降低至3%以下。

真正的品牌重塑不是消除危机痕迹，而是将危机转化为组织进化的催化剂。当透明整改成为信任的基础设施、价值共鸣重构用户关系、知识沉淀形成免疫屏障时，企业便能实现从"危机幸存者"到"风险免疫体"的质变升级。

案例：兰州自来水污染事件应对策略与反思

2023年7月，兰州市发生了一起严重的自来水污染事件。在事件发生后，兰州市政府采取了一系列应对措施，但效果并不理想，引发了公众的强烈不满。

应对策略

（1）否认和弱化策略：兰州市政府在事件初期采取了否认和弱化的策略，声称水质没有问题，并对谣言制造者进行了严惩。然而，这种策略不仅未能平息公众的恐慌，反而加剧了公众的不满情绪。

（2）缺乏有效的重建策略和增强策略：在整个事件处理过程中，兰州市政府未采取有效的重建策略（如道歉、赔偿）和增强策略（如回应公众关切、感谢监督）。虽然兰州市市长表达了歉意，但未明确提及政府自身的责任，未能满足利益相关方对危机责任归属的期待。

（3）信息公布不及时：兰州市政府在事件处理过程中未能及时公布真实信息，导致谣言和不实信息扩散。公众对政府的信任度因此下降，进一步加剧了危机的严重程度。

经验教训

（1）及时回应，坦诚沟通：在危机发生后，政府应第一时间回应公众关切，坦诚公布事件真相，避免采取否认和弱化的策略。

（2）采取有效的重建策略和增强策略：在危机处理过程中，政府应采取有效的重建策略和增强策略，如诚恳道歉、赔偿受害者、感谢公众监督等，以恢复公众的信任。

（3）增强信息透明度：政府应及时公布事件进展和处理措施，增强信息透明度，避免谣言和不实信息的传播。

四、新兴技术融合创新应用

新媒体行业正经历由AIGC、元宇宙、虚拟人技术驱动的深度变革，这些技术如同三股数字洪流，重塑了内容生产、交互体验与商业生态的底层逻辑。本章从技术革命、创新实践及风险防控三方面，探讨新媒体传播项目中技术融合创新的机遇与挑战。

(一)技术革命:重构传播的三维坐标

1. AIGC:内容生产的核能级突破

生成式AI已实现文本、图像、音视频全模态内容的自动化生产。新华社的"快笔小新"在东京奥运会期间每分钟产出多篇赛事报道,效率较人工提升了20倍,实现了生产方式的跃迁。AI编剧工具ScriptBook可以基于用户情感曲线生成定制化剧本,好莱坞已有15%的短视频广告采用此类技术创作,推动了创意范式的革新。Gartner数据显示,2025年AIGC将承担全球35%的标准新闻写作任务及60%的电商产品描述生成工作。

2. 元宇宙:空间互联网的沉浸式重构

在Meta Horizon Worlds构建的虚拟社交场景中,用户的停留时长较传统社交平台提升了3倍。虚拟音乐会场均参与人数突破50万,使用户交互的维度上升了一个层次。在教育领域,斯坦福大学在元宇宙中复现了庞贝古城遗址,学生通过VR设备完成了考古挖掘实训,知识留存率提升至78%(传统课堂为20%)。Gucci虚拟旗舰店单月销售额突破75万美元,虚拟商品的成交转化率较实体店高42%,这开辟了商业的新领域。

3. 虚拟人:数字劳动力的物种进化

虚拟人技术正在重塑劳动力生态,通过服务永续化、IP产业化和人格可编程三大突破构建了新质生产力。服务永续化突破时空限制,AI驱动的虚拟客服、导购等角色可实现7×24小时在线服务,依托云端部署与情绪识别算法,在夜间值守、流量高峰等场景中确保稳定输出,解决传统人力服务的连续性痛点。IP产业化重构了商业逻辑,虚拟偶像及品牌数字分身从内容载体升级为经济实体,通过直播带货、数字周边等模式形成"IP运营—用户共创—商业转化"闭环,实现价值的持续增值。人格可编程赋能精准适配,基于深度学习技术,虚拟人可动态调整语言风格、知识体系,如教育助手按学生水平切换教学策略,零售顾问可以依据用户画像优化推荐方案,从而实现"一核多态"的跨场景服务能力。这三者协同推动虚拟人从工具角色进化为兼具持续服务力、商业创造力与人格可塑性的数字物种,标志着人机协作迈向深度互嵌的新阶段。

(二)创新实践:技术融合的破壁实验

案例一:AIGC驱动的内容创作与分发

新华社推出的"快笔小新"是AIGC技术在新闻写作中的典型应用。通过自然语言处理技术,"快笔小新"能够快速生成新闻稿件,尤其是在财经新闻、体育赛事报道和突发事件中表现出色。例如,在2024年巴黎奥运会期间,"快笔小新"每分钟可以生成多篇赛事报道,及时发布比赛结果和亮点,极大地提高了新闻的时效性和传播效率。此外,AIGC技术还可以根据用户的兴趣和行为数据进行个性化内容推荐,提升用户的参与度和黏性。

案例二：元宇宙中的虚拟社交与教育应用

Meta推出的Horizon Worlds是一个开放式的元宇宙社交平台，用户可以通过虚拟身份创建和参与各种活动。例如，在虚拟社交场景中，用户可以举办虚拟派对、音乐会和展览，与其他用户进行互动。在教育领域，Horizon Worlds与多所高校合作，开发虚拟实验室和重现历史场景，让学生在沉浸式的环境中学习。这种创新的传播方式不仅丰富了用户的体验，还为教育和文化传播提供了新的途径。

案例三：虚拟人作为品牌营销新渠道

虚拟人柳夜熙是美妆品牌花西子推出的虚拟形象代言人。通过虚拟人技术，柳夜熙在社交媒体上发布了多条美妆教程和产品推荐视频，吸引了大量年轻用户的关注。与真人代言人相比，虚拟人可以24小时不间断地进行品牌推广，并且可以根据品牌需求随时调整形象和内容。此外，虚拟人还可以通过直播带货的方式直接与消费者进行互动，提升品牌的销售转化率。

（三）风险防控：技术落地的安全阀设计

新兴技术的规模化应用需以风险防控为基石，从成本控制、数据安全和伦理治理三个维度构建系统性防护机制，确保技术创新与风险约束之间的动态平衡。

1. 成本控制：技术普惠的底层逻辑

技术落地的经济可行性取决于全生命周期成本管理。在硬件层面，通过芯片定制化、边缘计算架构优化来降低终端设备的投入；在软件层面，采用开源框架与模块化设计以减少重复开发成本。云端资源弹性调度策略可以根据业务峰谷动态分配算力，避免资源闲置和浪费。同时，建立跨行业技术共享平台，推动算法模型、数字资产等要素的复用和流通，以生态协作摊薄单点投入成本。在运维环节，引入AI运维系统实现故障预测与自动化修复，将后期维护成本前置并使其可控。

2. 数据安全：数字信任的防御体系

构建"端—管—云"全链路防护机制。数据采集端遵循最小化原则，通过差分隐私技术对原始信息进行脱敏处理；传输管道采用量子加密技术与零信任架构，确保数据流动可验证、可追溯；云端存储建立分级加密与分布式容灾体系，防范单点泄漏风险。建立数据主权管理框架，明确用户对个人数据的知情权和撤回权，并通过区块链存证实现数据使用全程留痕。针对AI模型训练中的隐私泄露风险，采用联邦学习技术实现"数据不动模型动"，在保障数据孤岛安全的前提下完成联合建模。

3. 伦理治理：技术向善的约束框架

伦理风险防控需贯穿技术研发至应用的全流程。在研发阶段，应嵌入伦理影响评估机制，对算法偏见、认知操控等潜在风险进行压力测试；在部署阶段，应建立人机协同决策机制，保留关键决策的人工复核权限。针对虚拟身份滥用问题，应实施"数字身份信用体系"，对虚拟人的行为轨迹进行伦理审计与信用评级。在内容生态层面，应开发多模态AI伦理审查工具，实时识别虚假信息、价值观偏差等内容，并建立跨平台联防联控机制。面向未成年人等脆弱群体，应设计技术防沉迷系统与心智保护模式，通过交互频率控制、内容过滤等技术手段构筑防护屏障。

三者共同构成技术落地的"三角稳定器"：成本控制确保技术可以规模化推广，数据安全筑牢用户信任基础，伦理治理维系技术与社会价值的对齐。唯有通过这种多层次的防护设计，才能在释放技术红利的同时守住风险防控的底线，实现创新发展的可持续性。

技术融合创新正在触发传播领域的链式反应：AIGC重构内容生产要素，元宇宙重塑空间交互规则，虚拟人重新定义数字生产关系。当技术迭代速度超越传统监管框架时，建立"敏捷创新—动态评估—快速迭代"的三位一体发展模式，将成为平衡技术红利与风险的关键。未来，竞争将不再局限于单一技术的突破，而是更多地取决于跨技术生态的协同能力。这不仅是新媒体进化的下一阶段，还将成为行业洗牌的新起点。

■ 课中任务

➤ 任务一：使用 AHP 进行某新媒体传播项目中期评估

1. 构建层次评价模型

（1）目标层：中期评估综合得分。

（2）准则层（五大方面）：

① 内容质量（原创性/垂直度/信息密度）。

② 传播效果（曝光量/触达率/转化率）。

③ 用户互动（评论量/分享率/留存率）。

④ 技术支持（平台稳定性/数据分析）。

⑤ 运营效率（成本控制/协作效率）。

（3）方案层。

针对准则层的具体细化指标，包括但不限于单篇爆文率、ROI、其他相关实操指标。

2. 操作步骤

（1）专家评分与判断矩阵。

设计问卷：采用1～9标度法（1=同等重要，9=极端重要），邀请项目组及行业专家对准则层、方案层指标进行两两比较。如表7-2所示。

表7-2 准则层、方案层对比

指标	内容质量	传播效果	用户互动	技术支持	运营效率
内容质量	1	3	5	2	4
传播效果	1/3	1	2	1.5	3
用户互动	1/5	1/2	1	1/3	2
技术支持	1/2	2/3	3	1	1.5
运营效率	1/4	1/3	1/2	2/3	1

（2）权重计算。

① 计算特征向量：使用方根法或求和法计算各层级的权重。

② 方根法公式：

$$W_i = \frac{\sqrt[n]{\prod_{j=1}^{n} A_{ij}}}{\sum_{k=1}^{n} \sqrt[n]{\prod_{j=1}^{n} A_{kj}}}$$

③ 示例：若内容质量权重为0.45，传播效果权重为0.25，则内容质量优先级更高。

（3）一致性检验。

计算一致性比率（Consistency Ratio，CR）：确保CR＜0.1，否则需调整判断矩阵。随机一致性指数（Random Index，RI）：通过查表获取（如3阶矩阵RI=0.58）。一致性指数（Concordance Index，CI）。

$$CR = \frac{CI}{RI}, \text{ 其中} CI = \frac{\lambda_{\max} - n}{n-1}$$

（4）综合得分计算。

① 逐层聚合：将各层级的权重与指标实际值（归一化后）进行加权求和。

② 公式：

总分=Σ（准则层权重×方案层权重×指标得分）

（5）结果应用。

① 优先级排序：输出各维度权重排序（如传播效果＞用户互动＞内容质量……）。

② 策略优化：针对低分高权重指标（如传播效果得分较低但权重占比达到30%），应优先调整投放策略。

3. 工具建议

① 数据处理：Excel（矩阵计算）、Yaahp/SPSS（自动化AHP分析）。

② 可视化：输出权重分布的雷达图和层次结构的树状图。

③ 动态调整：每季度更新判断矩阵，以适应项目阶段的变化。

4. 交付成果

（1）权重分析报告（包括一致性检验结果）。

（2）项目短板诊断清单（如"用户互动权重为20%，但得分仅60分"）。

（3）资源再分配建议表（预算、人力倾斜方案）。

通过此方法，项目管理者可精准识别关键影响因子，避免主观经验偏差，实现数据驱动的科学决策。

> **任务二**：使用内容优化三阶模型对新媒体传播项目进行内容优化

1. 内容优化遵循原则：数据驱动、用户导向

2. 内容优化三阶模型

（1）热点借力：基于百度指数/微信指数工具等快速调整选题方向。

建议：将排名前20的热搜词植入内容，提升话题性和关注度。

（2）形式迭代：根据完播率数据切换内容形式。

① 图文→短视频：当图文内容的完读率低于30%时，切换为短视频形式。

② 短视频→直播：当短视频的互动率超过15%时，可升级为直播形式。

（3）场景适配：根据平台特点重构内容，实现精准触达并提升传播效能。

① 知乎：发布3000字以上的深度测评内容，以满足用户对深入信息的需求。

② 抖音：设计15秒内的反转剧情，快速吸引用户注意力并提升视频完播率。

③ B站：加入弹幕互动彩蛋设计，增强趣味性和用户的参与感。

④ 其他平台：根据平台的用户画像和内容偏好，灵活调整内容策略。

> **任务三**：结合某新媒体传播项目，制定并实施 KOL 效果未达预期的优化策略

1. 遵循逻辑

数据归因→颗粒度优化→动态迭代。

2. 操作步骤

（1）问题诊断，定位核心矛盾。

通过粉丝基础匹配度和转化情况，寻找核心问题的根源。例如，如果内容匹配度较低或时段有效性不足，可从以下两方面进行优化。

（2）优化路径。

① 内容调适。

脚本结构优化：采用"3秒痛点钩子→解决方案→互动指令"的结构。基于历史爆款内容的拆解，提炼用户高度共鸣的话题，在脚本前3秒设置痛点钩子，中段植入产品解决方案，尾段设计互动指令。

时段校准：在目标用户活跃峰值前后1小时内发布内容。通过后台数据追踪目标用户的活跃峰值，调整发布时间，以提升内容的曝光度。

② 达人迭代。

备选机制：TOP20垂类达人库，其中10%为动态替补。

淘汰规则：设定7日观察期，滚动替换未达标的达人。

（3）对赌协议。

通过以下三层杠杆，激励KOL提升效果。

① 基础层：保底互动量→资源解锁

② 激励层：ROI超基准→佣金叠加

③ 淘汰层：连续N期未达标→自动解约

3. 目标

通过内容适配性优化、完善达人筛选机制，以及创新合作模式，将粉丝匹配度转化为实际传播效能，推动项目中期目标的实现。

> **任务四：结合某新媒体传播项目，设计动态监测体系中的实时看板**

1. 明确目标与需求

（1）确定业务目标：和业务部门沟通，明确目标，如监控业务运行状态、跟踪销售目标、分析用户行为等，并确定对应的KPI。例如，如果目标是监控业务运行状态，KPI可能包括销售额、订单量、转化率等；若目标是分析用户行为，KPI可能包括用户留存率、页面停留时间、点击率等。

（2）识别用户需求：了解不同用户对数据的需求和使用习惯，确保看板能够满足其决策和监控需求。例如，管理层可能更关注整体业务趋势和关键指标，而运营人员可能需要更详细的数据和实时更新。

2. 选择合适的数据源

（1）识别数据源：确定与业务目标相关的数据源，如内部数据库（ERP、CRM系统）和第三方应用程序编程接口（Google Analytics、社交媒体平台数据）。若需要监控网站流量，数据源可以是网站服务器的日志数据或第三方网站分析工具的应用程序编程接口。

（2）评估数据质量：检查数据的准确性、完整性、一致性和实时性，确保数据能够及时、准确地反映业务情况。

（3）建立数据链接：使用数据集成工具（如ETL工具）或编写代码，连接数据源与看板平台，确保数据传输稳定、高效。

3. 选择看板工具的标准

（1）具备实时展示、更新、过滤和排序等功能。

（2）易用且可定制性高。

（3）能够与现有系统实现无缝兼容。

（4）成本在预算范围内。

4. 设计看板布局

（1）确定整体布局：根据业务目标和用户需求，采用合适的布局方式，合理安排图表、表格和指标的位置。

（2）选择图表类型：根据数据的特点和展示需求，选择合适的图表类型。例如，折线图适合展示数据随时间的变化趋势，用于时间序列分析；柱状图适合比较不同类别之间的数量差异，直观呈现数据的高低对比；饼图适合展示各部分在整体中的占比关系，突出比例分布；热力图适合呈现数据的密度或强度，如地理分布或用户行为热区，能够直观反映数据的集中程度。

（3）设计配色方案：选择合适的配色方案，确保图表美观且统一。可以使用品牌色，或根据数据的性质选择适当的颜色。

（4）增加交互功能：添加筛选器、下拉菜单等交互功能，以便用户自定义查看数据，提高用户体验。

5. 配置数据源并设置数据刷新频率

（1）配置数据源：在工具中配置并绑定数据源与图表、指标，确保数据能够正确传输和显示。

（2）设置数据刷新频率：根据业务需求设置数据自动刷新频率（如每分钟或每小时）。

（3）数据缓存与优化：使用数据缓存技术提升看板的响应速度，优化数据库查询和前端渲染性能。

6. 测试与优化

（1）测试数据准确性，检查数据是否与数据源一致，是否存在错误或缺失。

（2）测试数据更新的及时性，确保数据能够按照设定的频率实时更新。

（3）测试筛选器、下拉菜单等交互功能是否正常运行。

（4）看板上线后，收集用户的反馈和建议，并根据需求对看板进行优化和改进。

（5）优化数据库查询和前端渲染性能等，确保看板高效运行。

7. 发布与维护

（1）将设计好的实时看板发布到相应平台或分享给相关人员。

（2）定期监控看板的性能和稳定性，及时解决可能出现的问题。

（3）定期更新与维护：根据业务需求和数据变化，定期更新和维护看板，包括添加新的数据源、优化图表布局、调整数据刷新频率等，以确保看板始终能够满足用户的决策和监控需求。

课后巩固

一、知识巩固

1. 填空题

（1）在新媒体传播的"黄金4小时"原则中，首响时效窗口期是_____，舆情分级标准分为_____三级。

（2）在动态预警模型中，"传播动力学模型"通过分析_____和_____预判舆情扩散路径。

（3）在新媒体传播舆情分级响应机制中，重度舆情事件的特征是_____。

2. 选择题

（1）在新媒体传播项目中，危机传播的"黄金4小时"原则主要强调（   ）。

    A．快速响应   B．全平台覆盖

    C．动态沟通   D．以上都是

（2）在新媒体传播项目的中期评估中，常用的评估方法有（   ）。

    A．层次分析法   B．平衡计分卡法

    C．数据挖掘法   D．以上都是

3. 简答题

（1）列举抖音、B站、知乎三个平台的核心用户群体特征及适配内容形式。

（2）请简述新媒体传播中多平台内容分发策略的核心价值和主要方法。

（3）简述"内容定制化"与"跨平台协同"的核心逻辑差异，并各举一例说明。

（4）请解释AIGC、元宇宙和虚拟人技术在新媒体传播中的应用及其带来的变革。

二、能力提升

（1）请分析《哪吒2》电影宣传的多平台分发策略，说明其如何通过不同平台实现"全域渗透+圈层引爆"的立体化传播体系。

（2）请使用层次分析法（AHP）对某新媒体传播项目进行中期评估，构建层次评价模型并计算各指标的权重。

（3）请结合某新媒体传播项目，设计一套KOL效果未达预期的优化策略，包括问题诊断、优化路径和对赌协议。

（4）请设计一个新媒体传播项目的实时看板，包括目标确定、数据源选择、图表类型选择和交互功能设计。

（5）内容优化：请使用内容优化三阶模型对某新媒体传播项目进行内容优化，包括热点借力、形式迭代和场景适配。

三、素养拓展

（1）虚拟人技术应用中可能存在哪些隐私与数据安全风险？结合课程内容，提出三条技术伦理治理建议。

（2）以"兰州自来水污染事件"为例，分析政府在危机应对中的主要失误，并设计一份符合"黄金4小时"原则的响应流程图（含首次回应模板）。

（3）假设你是某品牌舆情应对团队负责人，需在15分钟内制定跨平台响应方案。请列出团队分工框架（角色、职责、协作流程），并说明如何避免"一刀切"内容分发。

四、延伸资源

（1）使用清博大数据平台，监测某品牌近一周的微博舆情情感值，输出情感分布图及负面舆情的TOP5关键词。

（2）阅读《数字化生存》第一章，结合书中观点分析AIGC技术如何重构"内容生产权"，撰写一篇800字读后感。

（3）收集近期"平台经济反垄断"相关政策文件，归纳其对新媒体行业的影响，并提出三条企业合规建议。

第八章　新媒体传播项目成果展示与复盘

　　本章深入讲解了新媒体传播项目成果展示与复盘的核心内容。在成果展示方面，详细介绍了展示形式设计、视觉效果优化、用户体验与互动设计，以及内容整合与包装技巧，系统阐述了提升展示效果的方法与策略。在复盘方面，系统介绍了五步标准化复盘流程：目标对齐、结果量化、差距定位、根因归因和改进闭环，并提供了实用工具与模板。此外，本章还探讨了个人和团队实现专业能力提升的具体路径，为新媒体从业者提供了全面的指导。

■ 教学目标

知识目标

能够阐述新媒体传播项目成果展示与复盘的概念、重要性及核心环节。
能够描述展示形式设计、视觉效果优化、用户体验与互动设计、内容整合与包装技巧的具体方法与策略。
能够说明五步标准化复盘流程的含义与作用。
能够列举新媒体传播项目中常用的数据分析工具和协作工具。

技能目标

能够根据项目需求选择合适的线上和线下展示平台，并有效地布局规划。
能够运用色彩搭配、字体、排版、布局优化等技巧提升视觉效果。
能够使用图片和视频处理软件对素材进行优化和创意处理。
能够运用数据可视化技术将复杂数据转化为直观易懂的图表。
能够运用SMART原则设定项目目标，并使用OKR工具进行目标管理。
能够使用鱼骨图、5Why分析法等工具进行根因分析。
能够制订可落地的改进计划，并明确责任人、时间节点和关键绩效指标。

素养目标

对新媒体传播项目保持高度兴趣，主动关注行业动态，每周阅读至少2篇相关文章，积极参与课堂讨论和实践，主动提出至少1个创意想法。
具备良好的团队合作意识，能够与至少3位不同背景的同学进行有效沟通，每周至少进行2次团队内部讨论，主动承担并按时完成团队任务。
具备较强的责任感和专业素养，在项目实践中严格遵守职业道德和行业规范，确保成果的准确性和可靠性。

■ 课前自学

一、新媒体传播项目成果展示

在互联网时代，无论是企业品牌推广、社会公益活动宣传，还是文化教育知识普及，都期望通过新媒体传播手段来实现信息的广泛传播与深度影响。新媒体传播项目成果展示作为整个传播链条中的关键环节，直接关系到人们对项目价值的认知与接受程度，进而影响项目的后续发展与品牌塑造。一份精心设计与优化的成果展示能够吸引目标用户的注意力，提升用户体验和互动效果，增强用户参与感与互动性，有效提升信息传达效率，最终实现传播目标。本章将从展示形式设计、视觉效果优化、用户体验与互动设计三个方面，探讨新媒体传播项目成果展示的设计与优化。

（一）展示形式设计

1. 线上展示平台的选择与布局规划

（1）社交媒体平台的综合运用。

针对不同社交媒体平台的特点，如微博信息传播的及时性与广泛性、微信公众号的深度内容呈现、抖音的视频创意展示等，可以分别定制适配的展示形式。例如，在微博上通过话题串联项目成果亮点，发布图文并茂的系列海报、短视频预告等，吸引用户关注并转发；微信公众号则推出长篇专题文章，详细介绍项目背景、实施过程、关键结果及社会意义，通过菜单设置固定入口，方便用户随时查阅；抖音聚焦项目中的精彩瞬间、幕后花絮等制作成趣味短视频，借助热门音乐、特效等元素增强吸引力，同时利用平台算法推荐扩大传播范围。

利用社交媒体平台的互动功能，如评论、点赞、投票、问卷调查等，引导用户参与项目成果评价与讨论。例如，在项目成果展示微博下发起投票，让用户选择最喜爱的项目环节或成果产出物；在微信公众号文章底部设置开放式问题，鼓励读者分享对项目相关社会议题的看法与建议，并通过及时回复互动，增强用户黏性与参与感。

（2）项目专属网站或微网站搭建。

若项目规模较大、成果内容丰富且复杂，可考虑搭建独立的项目网站或微网站。网站整体风格应简洁大气，符合项目主题定位，色彩搭配协调且具有视觉冲击力。首页布局突出项目核心成果与亮点，以滚动Banner图、数据可视化图表、项目成果视频轮播等形式呈现，吸引访客注意力并引导其深入了解。

网站导航栏设计清晰合理，按照项目成果的不同类别或展示维度进行分类，如"项目概况""成果展示""媒体报道""团队介绍""合作伙伴""用户反馈"等板块，确保用户能够快速找到所需信息。每个板块页面内容的排版注重图文搭配、信息层次分明，并适当运用图标、时间轴、流程图等辅助元素，以提升信息的可读性与用户的浏览体验。

优化网站的移动端适配性,确保在手机、平板电脑等不同设备上均能良好显示,提供一致的用户体验。同时,优化网站的加载速度,对图片、视频等多媒体文件进行压缩处理,采用高效的内容分发网络(Content Delivery Network,CDN)服务,减少用户等待时间,提高用户留存率。

2. 线下展示活动策划与空间设计

(1)成果展览策划。

确定展览主题与目标用户,根据展览场地的规模与布局规划展示区域。例如,对于以科技创新成果为主题的新媒体传播项目展览,可设置"技术原理展示区""产品应用体验区""研发团队风采区""未来发展展望区"等不同展示区域,通过空间分隔与引导标识,使观众能够按照逻辑顺序流畅参观。

在各展示区域运用多样化展示手段,结合实物展示、模型演示、多媒体互动装置、图文展板等元素。例如,在产品应用体验区,摆放项目研发的智能硬件产品实物,配备专业讲解人员引导观众现场操作体验。同时,设置互动触屏,用于展示产品参数、用户评价、使用教程等详细信息;在技术原理展示区,利用动态投影、3D打印模型、AR/VR设备等手段直观呈现复杂技术原理,以降低观众理解门槛。

策划配套的展览活动,如举办项目成果发布会、专家讲座、技术交流研讨会、创意工作坊等,吸引专业观众与行业人士参与,提升展览的专业性与影响力。同时,设置观众互动留言区、抽奖环节等,增加展览的趣味性与观众参与度,收集观众反馈意见,为后续项目优化提供参考。

(2)路演与宣讲活动设计。

针对特定目标用户(如企业客户、投资机构、高校学生等)定制项目路演与宣讲活动方案。准备简洁明了、重点突出的演示文稿(PPT),围绕项目价值主张、市场前景、竞争优势、团队实力等方面进行阐述,配合现场演示、案例分享、数据展示等增强说服力。

选择合适的活动场地,如商务写字楼会议室、高校学术报告厅、创业孵化器路演厅等,提前做好场地布置与设备调试工作。场地布置注重营造专业、活力的氛围,通过悬挂项目宣传海报、摆放宣传资料、设置签到背景墙等方式提升活动辨识度与仪式感。

在路演与宣讲过程中,应注重演讲者与观众的互动交流,预留充足的时间回答观众提问,鼓励观众发表意见建议。活动结束后,及时收集并整理观众反馈信息,评估活动效果,为后续类似活动的改进提供经验借鉴。

(二)视觉效果优化

1. 色彩搭配与主题风格统一

色彩搭配和主题风格是视觉效果优化的重要元素,和谐的色彩搭配和统一的主题风格可以提升展示的视觉吸引力和用户的阅读体验。

（1）色彩搭配：色彩能够激发人们的情感反应，不同的色彩具有不同的象征意义和情感价值。在视觉效果优化中，需要根据项目的主题和目标用户的喜好，遵循色彩对比、协调、平衡等原则，选择合适的色彩搭配，确保整体视觉效果和谐美观。例如，在品牌宣传中，可以使用品牌的代表色作为主色调，以增强品牌的辨识度和一致性。在色彩搭配过程中，通过色彩的对比和协调，提升视觉效果的层次感和冲击力。例如，在以蓝色为主色调的展示页面中，可以使用橙色按钮作为行动召唤（Call To Action，CTA）元素，吸引用户点击。此外，还需注意不同媒介与展示环境下色彩的呈现差异，如屏幕显示色彩与印刷品色彩的色差问题。针对这种情况，可以通过专业色彩校准工具与打样测试来保证视觉效果的一致性与稳定性。

（2）主题风格塑造：根据项目定位与传播目标，确定统一的视觉主题风格，如简约现代风格、复古文艺风格、卡通动漫风格、未来科技风格等。主题风格应贯穿于所有展示形式与视觉元素设计中，从页面布局、字体选择、图标绘制到图片视频制作等，形成独特的视觉识别系统，使用户在接触项目成果展示的任何渠道时，都能迅速识别项目品牌，增强品牌记忆度与辨识度。例如，对于面向年轻用户群体的文化创意传播项目，可采用复古文艺风格与现代潮流元素相结合的设计手法，通过手绘风格的插画、老照片质感的图片处理、创意书法字体等元素，营造出既具文化底蕴又充满时尚活力的视觉氛围，吸引年轻用户的关注与参与。

2. 字体、排版与布局优化

字体、排版与布局是视觉效果优化的重要方面，选择合适的字体和排版可以提升信息的可读性和美观度。

（1）字体选择：字体的选择需要根据项目的主题和目标用户的喜好来决定。在正式、严谨的场合，可以选择庄重、典雅的字体；而在轻松、活泼的场合，则可以选择富有创意和个性的字体。同时，需要注意字体的可读性和识别性，确保用户能够轻松阅读和理解信息。例如，在屏幕阅读中，无衬线字体（如Arial、Roboto）更加清晰易读。

（2）排版设计：排版设计决定了信息的呈现方式和视觉效果。在排版设计中，需要注重信息的层次感和逻辑性，可以通过调整行距、字距、对齐方式等手段来优化排版效果。同时，还可以利用图片、图标等元素来丰富版式的层次感和视觉效果。例如，在数据可视化图表中，通过合理的排版和配色，能使数据呈现更加直观易懂。

（3）布局设计：布局设计决定了信息呈现的结构和顺序。一个清晰、有层次的布局可以让用户更容易理解信息，提升阅读体验。在布局设计中，需要注重信息的层次感和逻辑性，可以通过合理的排版和留白，使信息呈现更加有序和易于理解。例如，采用F型布局或Z型布局来安排页面元素，保持页面整洁，避免元素过于拥挤。同时，为确保文字排版易于阅读，应选择合适的字体、字号与行距。

3. 图片与视频素材精选与处理

图片和视频是新媒体传播项目中常见的视觉元素，通过高质量的图片和视频处理，可以提升展示的视觉效果和吸引力。

（1）图片素材质量把控与创意呈现。

建立严格的图片素材筛选标准，优先选择高分辨率、清晰度高、色彩还原度好、构图合理的图片。图片内容应紧密围绕项目成果主题，具有真实感与代表性，能够直观呈现项目的关键环节、精彩瞬间、人物故事等。例如，在展示公益项目成果时，可以选用志愿者与受助者互动的温馨场景照片、项目实施前后的对比照片等，以真实画面触动用户情感。

运用专业图片处理软件对图片进行优化处理，包括裁剪、调色、光影调整、添加文字说明等操作。在处理图片时，需要注意保持图片的自然质感与真实感，避免过度修饰而导致失真。同时，根据展示需要，对图片进行创意设计，如制作图片拼接、合成创意场景、添加动态效果等，提升图片的视觉吸引力与信息传达效果。

（2）视频素材制作与剪辑优化。

策划制作高质量的视频素材，明确视频主题、脚本大纲与拍摄方案。视频内容应故事性强、情节紧凑，能够通过生动的画面、音效与旁白讲述项目成果背后的故事，展现项目的价值与影响力。在拍摄过程中，运用专业摄影设备与拍摄技巧，确保画面稳定、清晰、美观，注意光线运用、场景切换、镜头语言运用等细节。

在视频后期剪辑阶段，需要精心挑选拍摄素材，按照脚本逻辑与节奏进行剪辑拼接，合理运用转场效果、特效添加、音频配合等手段提升视频整体品质。同时，要注重视频时长控制，根据不同展示平台与用户注意力特点，制作不同版本的视频。例如，用于社交媒体传播的15～60秒短视频，用于项目详细介绍的3～5分钟中视频，以及用于线下活动播放的5～10分钟长视频等，满足多样化传播需求。

4. 数据可视化设计与信息图表运用

针对项目成果中的关键数据指标，运用数据可视化技术将其转化为直观易懂的图表形式，可以提升信息的传达效率和用户的理解程度。

（1）复杂数据直观化表达。

针对项目成果中的关键数据指标，如传播覆盖人数、用户参与度增长、业务指标提升、社会影响力数据等，运用数据可视化技术将其转化为直观易懂的图表形式，如柱状图、折线图、饼图、雷达图、地图等。选择合适的图表类型与数据展示维度，确保数据关系清晰呈现，使用户能够迅速抓住数据重点与趋势变化。例如，在展示项目不同时间段内的用户增长情况时，可采用折线图直观呈现用户数量随时间变化的增长曲线；在分析用户地域分布情况时，则可利用地图标记不同地区的用户密度，通过颜色深浅或标记大小直观展示地域差异。

对数据可视化图表进行美化设计，以统一图表风格与项目整体视觉形象，通过调整图表颜色、字体、坐标轴、图例等元素，使其既符合数据准确表达的要求，又具有良好的视觉审美效果。在图表中添加必要的文字说明、注释、引导线等辅助元素,帮助用户更好地理解数据的含义与背后的故事。

(2)信息图表创意设计与应用。

结合项目成果特点与传播主题,设计创意信息图表,将数据、文字、图片、图表等元素有机融合,以独特的视觉形式呈现项目核心信息。例如,制作一款以项目成果为主题的知识卡片式信息图表,将项目的关键结果、优势亮点、应用案例等信息按照逻辑顺序排列在卡片上,并搭配简洁明了的图标与色彩区分,方便用户快速浏览与分享。

将信息图表灵活运用于不同展示场景,如在社交媒体平台发布信息图表海报吸引用户关注与转发;在项目网站或报告文档中插入信息图表作为内容补充,增强可读性与专业性;在线下展览、路演活动中以大幅信息图表展板形式展示吸引观众驻足观看。信息图表的广泛应用,可提升项目成果信息的传播效率与影响力。

(三)用户体验与互动设计

1. 用户界面交互优化与导航设计

(1)用户界面的简洁性与易用性。

遵循"简约即美"的设计理念,对项目成果展示的用户界面进行优化设计,去除冗余元素与装饰,确保界面布局简洁明了、操作便捷。在界面设计过程中,充分考虑用户使用习惯与认知成本,将核心功能与重要信息置于显眼位置,减少用户操作步骤与思考负担。例如,在项目网站或移动应用首页,设置一键直达关键结果展示页面的入口按钮,同时优化搜索功能,使用户能够快速找到所需内容。

注重界面元素的一致性与规范性,统一按钮样式、图标设计、字体大小及颜色等元素,使用户在不同页面与功能模块之间切换时能够保持熟悉的操作体验,降低学习成本,提升操作流畅度与满意度。

(2)导航系统的逻辑性与引导性。

构建清晰合理的导航体系,按照用户逻辑思维与信息获取习惯规划导航栏的结构与层级关系。主导航栏突出项目成果展示的核心分类与重点板块,如"成果亮点""案例分享""数据报告""团队介绍"等;在各板块页面设置次级导航或面包屑导航,帮助用户了解当前所处位置与可访问的其他相关页面,便于用户回溯与探索。

在导航设计中融入引导性元素,如悬停提示、当前页面高亮显示、导航图标动态效果等,提升用户操作反馈与页面切换的流畅性。同时,考虑设置智能导航推荐功能,根据用户的浏览历史、兴趣偏好等数据,为其推荐可能感兴趣的项目成果板块或相关内容,提升用户体验的个性化程度。

2. 互动功能设计与社群运营

(1)多样化互动功能。

在项目成果展示中,通过融入丰富多样的互动功能,可以有效激发用户参与热情与创造力。例如,设置用户评论区、弹幕功能,鼓励用户对项目成果发表看法、提出建议、分享个人体验,形成良好的互动交流氛围;开展线上投票、问卷调查、知识竞赛等活动,引导用户积极参与项目相关话题讨论与决策,增强用户对项目的归属感与认同感。

开发创意互动应用与工具,如基于项目成果的在线小游戏、个性化测试、虚拟现实(VR)/增强现实(AR)体验等,通过趣味性与沉浸式体验吸引用户深度参与,延长用户停留时间,提升用户黏性。例如,针对历史文化传播项目,可以开发一款以历史文化知识问答为核心的小游戏,用户在答题过程中可以了解项目传播的文化知识,同时根据答题成绩获得相应奖励与分享素材,从而促进游戏在社交平台上的传播与扩散。

(2)社群的构建与运营策略。

以项目成果为核心,搭建用户社群平台,如社交媒体群组、论坛社区、即时通讯群等,汇聚对项目感兴趣的用户群体,形成活跃的社群生态。安排专人负责社群运营管理,制定社群规则与文化,组织社群线上活动,如主题分享会、粉丝见面会、项目幕后制作分享等,促进社群成员之间的交流互动与情感连接。

利用社群平台收集用户反馈信息,并将其作为优化与迭代项目成果的重要依据。同时,从社群中选拔优质用户内容与创意想法,进行二次创作与整合,反哺项目成果展示,形成用户与项目团队共同创造、共同成长的良性循环,提升项目的用户口碑与市场竞争力。

3. 个性化体验定制与智能推荐

(1)用户数据收集与分析基础。

建立完善的用户数据收集系统,通过多种渠道收集用户基本信息、行为数据、兴趣偏好等,如用户注册表单、浏览记录追踪、互动行为监测、第三方数据平台合作等。运用数据分析工具与技术对收集到的数据进行深度挖掘与分析,构建用户画像与标签体系,了解用户需求特征与行为模式,为个性化体验定制提供数据支撑。

在数据收集与分析过程中,应注重用户隐私保护与数据安全,严格遵守相关法律法规与伦理准则,明确告知用户数据收集目的与使用范围,并获得用户授权同意。同时,采用加密存储、访问控制、数据匿名化处理等技术手段,切实保障数据安全,从而增强用户信任度与平台可靠性。

(2)个性化推荐算法应用与体验优化。

基于用户画像与数据分析结果,引入智能推荐算法,如协同过滤算法、基于内容的推荐算法、深度学习推荐模型等,为用户提供个性化项目成果推荐服务。在项目网站、移动应用等展示平台上,根据用户的浏览历史、互动行为等实时数据,动态调整推荐内容,确保推荐结果与用户当前的兴趣需求高度匹配。

持续优化个性化推荐算法的准确度与召回率,通过A/B测试、用户反馈收集等手段评估推荐效果,不断调整算法参数与模型结构。同时,在推荐界面设计上注重用户体验,提供推荐理由说明、调整推荐偏好设置入口等,使用户能够理解推荐逻辑并根据自身需求进行定制,提升用户对个性化推荐服务的满意度与依赖度。

(四)内容整合与包装技巧

1. 故事性叙事框架构建

(1)挖掘项目成果背后的故事性元素。

深入探究项目从策划、实施到成果产出的全过程,挖掘其中蕴含的冲突、挑战、转折、成就等故事性元素,构建引人入胜的叙事框架。例如,讲述项目团队在面对技术难题、资金短缺、人员变动等困境时,如何通过创新思维、团队协作、坚持不懈的努力最终克服困难,实现项目目标的励志故事;或者聚焦项目对特定人群、社会问题产生的积极影响与改变,以小见大,展现项目的社会价值与人文关怀。

通过采访项目参与者、受益者及相关专家等多方人物,收集不同视角的故事素材,来丰富故事内容与情感层次。将这些真实而生动的故事融入项目成果展示中,使用户不再仅仅是被动地接收数据与信息,而是能够感同身受地参与到项目的故事世界中,增强情感共鸣与加深记忆。

(2)故事结构设计与情节推进。

运用经典的故事结构模型,如"开端—发展—高潮—结局"模式、"英雄之旅"叙事框架等,对项目成果故事进行精心编排。在故事开端,明确项目背景、目标与初始状况,设置悬念或引发疑问,激发用户的好奇心;在故事发展过程中,详细描述项目实施的关键节点、遇到的挑战与应对策略,通过情节起伏与细节描写保持用户的注意力;在故事高潮部分,突出项目取得的重大突破、关键结果或感人瞬间,将情感推向顶点;在故事结局处,总结项目成果对各方产生的积极影响与长远意义,留下深刻印象与思考空间。

根据不同的展示形式与传播渠道特点,灵活调整故事长度与细节呈现程度。例如,在短视频平台讲述项目成果故事时,采用简洁明快的节奏,突出核心情节与亮点;在长篇专题报道或线下讲座中,则可深入展开故事背景与细节描述,全方位展现项目成果故事的丰富内涵。

2. 多媒体融合内容创作

(1)文字、图片、音频、视频内容的协同创作。

在项目成果展示内容创作中,充分发挥文字、图片、音频、视频等多种媒体形式的优势,实现多媒体融合呈现。文字内容负责准确传达项目的核心信息、数据细节、逻辑关系等,做到简洁明了、条理清晰、富有感染力;图片用于直观展示项目的关键场景、人物形象、成果物外观等,增强视觉冲击力与信息可信度;音频元素,如项目相关的背景音乐、人物采访原声、环境音效等,能够营造氛围、传递情感、增强故事真实感;视频则通过动态画面、音画结合的方式呈现项目的实施过程、精彩瞬间、综合成果等,具有强大的信息整合与传播能力。

注重不同媒体内容之间的协同与互补关系，避免信息重复冗余。例如，在制作项目成果视频时，将文字信息以字幕形式巧妙融入画面中，同时搭配合适的背景音乐与现场音效，增强视频的叙事效果；在项目网站展示中，以图片作为主要视觉元素吸引用户注意，辅以简洁的文字说明与音频解说，满足不同用户的浏览习惯与信息需求。

（2）虚拟现实（VR）/增强现实（AR）技术应用探索。

关注虚拟现实（VR）与增强现实（AR）等前沿技术的发展动态，积极探索其在项目成果展示中的创新应用。对于一些具有空间展示需求或需要提供沉浸式体验的项目成果，如建筑设计项目、历史文化遗址保护项目、自然科学探索项目等，利用VR技术创建虚拟展示场景，用户通过佩戴VR设备能够身临其境地感受项目成果的全貌与细节；运用AR技术将虚拟信息叠加到现实场景中，通过手机等移动设备扫描特定物体或场景，即可呈现与项目成果相关的图文、视频、三维模型等数字内容，为用户提供新颖独特的互动体验，提升项目成果展示的科技感与吸引力。

3. 系列化与品牌化内容输出

（1）系列化内容规划与制作。

将项目成果按照不同主题、类型、时间等维度进行系列化划分，并制定系统的系列内容制作计划。例如，针对项目实施过程中的阶段性成果，可推出"项目月报""季度特辑""年终总结"等系列报告；围绕项目核心业务板块或特色亮点，打造"专题深度解读""案例精选集""技术应用指南"等系列内容产品；依据项目用户细分群体的需求差异，定制"行业版""大众版""青少年版"等一系列差异化内容版本，以满足多样化传播与推广需求。

在系列化内容制作过程中，应注重保持整体风格的一致性与连贯性，统一设计系列标识、模板样式、色彩搭配等视觉元素。同时，在内容主题、叙事风格、价值传达等方面也应遵循统一的品牌理念与项目定位，使用户能够清晰识别系列内容之间的关联性，从而形成完整的项目认知体系。

（2）品牌化内容传播策略制定。

强化项目成果内容的品牌意识，将项目名称、LOGO、品牌口号、核心价值观等品牌元素深度融入所有展示内容中。无论是文字叙述、图片设计、视频制作还是互动应用开发，都应体现项目品牌特色与个性，使用户在接触任何项目成果展示内容时，都能够迅速联想到项目品牌，从而提升品牌的知名度与美誉度。

制定品牌化内容传播策略，选择与项目品牌定位相契合的传播渠道与合作伙伴，集中资源打造具有影响力的品牌内容传播矩阵。例如，对于高端科技品牌项目，可与专业科技媒体、行业知名博主、科技展会等合作，精准触达目标用户群体；对于文化艺术品牌项目，则可联合文化艺术机构、博物馆、艺术节等平台，营造浓厚的艺术文化氛围，共同推广项目品牌与成果内容，实现品牌价值的最大化提升。

在新媒体传播竞争日益激烈的环境下，精心设计与优化项目成果展示成为实现项目传播目标、提升项目影响力与品牌价值的关键策略。通过合理规划项目成果展示形式，从线上平台布局到线下活动策划,确保展示渠道多元化且针对性强;运用视觉效果优化手段,从色彩搭配、素材处理到数据可视化设计,打造美观、直观且吸引力强的视觉呈现;聚焦用户体验与互动设计,优化界面交互、丰富互动功能、构建社群生态,以及提供个性化体验,增强用户参与感与忠诚度;掌握内容整合与包装技巧,构建具有故事性的叙事框架、融合多媒体创作元素,并实施系列化、品牌化的内容输出和内容传播策略提升内容传播力与感染力。只有在展示设计的各个环节持续进行创新与优化,充分整合并利用各方资源与优势,才能使新媒体传播项目成果展示在信息洪流中脱颖而出,有效触达目标用户,引发情感共鸣,进而推动项目的持续发展与社会价值的实现,为新媒体传播行业的发展注入源源不断的活力与动力,助力各类组织与机构在数字化时代更好地实现信息传播、品牌建设与社会影响力塑造的目标。

案例:某美妆品牌全域传播项目

某国产美妆品牌推出新品面膜,计划在3个月内实现全网曝光量5000万次,并将转化率提升20%。

1. 适配策略

(1)多平台分工。

① 抖音:发布"实验室研发故事"短视频,植入产品成分的特效动画。

② 微信:上线"肤质测试"多媒体广告页面,根据测试结果推荐适合的面膜类型。

③ 淘宝直播:联合主播演示"28天打卡挑战",用户上传对比照参与抽奖。

(2)互动技术应用。

① AR试妆:用户上传自拍模拟面膜使用效果,分享至朋友圈可以获得折扣券。

② 数据看板:实时展示区域销量排名,激发用户"为家乡助力"的心理。

2. 成果

项目总曝光量达到6200万次,转化率提升27%,UGC内容产出超过10万条。

二、新媒体传播项目复盘与能力提升

(一)复盘流程规范

1. 复盘的定义与价值延伸

(1)复盘的内涵与外延。

复盘,源自围棋术语,指的是在比赛结束后,双方棋手重新摆设棋局,回顾对弈过程,分析得失。在项目管理领域,复盘是一种系统性的反思与总结过程,通过对项目全过程的回顾与分析,识别成功经验与失败教训,为未来的项目决策和执行提供依据。

（2）复盘在新媒体项目中的独特价值。

新媒体项目具有传播速度快、用户广泛、互动性强等特点，但也面临信息过载、竞争激烈、用户需求多变等挑战。复盘能够帮助新媒体团队及时发现问题、总结经验，优化内容策略、传播渠道和用户运营，从而提升项目的传播效果和影响力。

（3）复盘与项目成功之间的关系剖析。

复盘是项目成功的关键因素之一。通过复盘，团队可以及时发现问题，总结经验，避免重复犯错，持续优化项目执行过程。此外，复盘还能促进团队成员之间的沟通与协作，增强团队凝聚力和战斗力。复盘为项目的持续改进提供了数据支撑和决策依据，有助于项目在不断变化的环境中保持竞争力。

2. 五步标准化复盘流程

（1）目标对齐：明确项目初衷与预期成果。

为了更加明确、高效地开展工作，也为了使绩效考核更加科学化、规范化，更为了保证考核的公正、公开与公平，新媒体传播项目组应该在项目开始时，遵循SMART原则共同确定项目的目标，包括传播目标、业务目标和用户目标等。这些目标必须是具体的、可衡量的、能实现的、具有一定相关性、有明确时限的。目标对齐的关键要素包括明确的目标设定、共同的理解和承诺、与业务战略的一致性，常见误区则有目标模糊、过多或过散、缺乏优先级、与实际情况脱节等。为确保目标对齐，可使用OKR（Objectives and Key Results，目标与关键成果）、SMART原则等目标设定工具，通过召开项目启动会、目标对齐工作坊等方式，使团队成员达成对目标的共同理解和承诺，从而保障项目顺利推进，达成预期目标，实现项目初衷与期望成果的有效对接。

（2）结果量化：数据驱动评估成果。

数据是评估项目成果的基础。通过全面、准确、及时地收集和整理相关数据，可以客观地了解项目的实际表现。可以使用数据分析工具如Google Analytics、百度统计等，收集网站流量、社交媒体数据、用户行为数据等，并将这些数据整理得规范、清晰，以便于分析和使用。根据项目目标，构建相应的量化评估指标体系。例如，传播目标可以使用曝光量、点击量、阅读量等指标；业务目标可以使用转化率、销售额、客户获取成本等指标；用户目标可以使用用户满意度、留存率、活跃度等指标。通过这些量化指标，能够清晰地评估项目成果，为项目的持续优化和决策提供有力支持。

（3）差距定位：关键问题优先级排序。

在项目执行过程中，为了有效进行差距定位和关键问题优先级排序，首先需要将实际结果与目标进行对比，找出存在的差距。这些差距可能涉及项目的多个方面，如内容质量、传播渠道、用户互动等。其次可以从内容、渠道、用户、技术等维度进行差距分析，运用对比分析、趋势分析、因果分析等方法。例如，对比分析可以找出不同时间段、不同渠道的表现差异，趋势分析可以了解项目指标的变化趋势，因果分析可以找出问题的根本原因。在确定优先级时，应根据问题的影响程度和解决难度来排序。影响程度高、解决难度低的问题应优先解决；影响程度高、解决难度高的问题需要集中资源重点突破；影响程度低、解决难度低的问题可以适当关注；而影响程度低、解决难度高的问题则可以暂时搁置。通过这样的系统分析和排序，可以更高效地解决项目中的关键问题，推动项目顺利推进。

（4）根因归因：追溯问题的本质。

在问题分析和解决过程中，根因归因至关重要，它要求我们深入追溯问题的本质，而非仅仅停留在表面现象上。只有找到根本原因，才能制定出有效的改进措施。为此，可以运用鱼骨图、5Why分析法等工具进行系统且全面的根因分析。鱼骨图能从人、机、料、法、环等多维度剖析可能原因，而5Why分析法则通过连续追问"为什么"，层层深入挖掘问题根源。在根因分析过程中，需注意避免归因错误，务必保持客观、理性，基于数据和事实进行分析，摒弃主观臆断和片面归因，防止情绪化及责任推诿，从而确保分析结果的准确性和可靠性，为后续的改进措施提供坚实基础。

（5）改进闭环：制订可行的改进计划。

在项目管理过程中，制订可落地的改进计划是至关重要的环节。这要求我们依据差距分析和根因归因的结果，精心策划具体的改进措施，确保计划具有强大的可操作性，同时明确责任人、合理安排时间节点及精准估算资源需求。一个结构完整的改进计划应当涵盖改进目标、具体措施、责任人、时间节点、资源需求及风险评估与应对等关键要素。其中，改进目标需明确具体，直指核心问题；具体措施要详细可行，具备实际操作性；责任人要落实到人，确保职责清晰；时间节点要科学合理，保障项目进度；资源需求要准确无误，避免浪费或不足；风险评估与应对要全面周到，提前化解潜在危机。为了推动改进计划的顺利执行，必须构建高效的执行机制，包括定期跟踪与评估、沟通与协调、激励与问责等方面。通过定期跟踪与评估，可以实时掌握计划的执行状况和成效。良好的沟通能够及时化解执行中遇到的问题；而合理的激励与问责机制，则能够有效激发团队成员的执行积极性和责任感，从而形成一个完整的改进闭环，推动项目持续向前发展。

3. 复盘会议标准化议程

（1）会前准备。

复盘会议的会前准备至关重要，主要涵盖资料收集与人员组织两个方面，以确保会议高效进行。在资料收集与人员组织方面，需收集项目计划、执行记录、数据分析报告等资料，同时确定参会人员，确保关键人员能够参加会议。为了提高会议的效率，应提前准备好会议议程和相关资料，并将其发送给参会人员，以便他们提前了解会议内容，做好准备。此外，会议时间应合理安排，避免过长或过短，以保证会议能够充分展开讨论，同时不浪费参会人员的时间。

（2）会议流程。

复盘会议的流程设计应从开场到决策进行全流程把控，主要涵盖开场致辞、项目回顾、成果评估、差距分析、根因归因、改进计划制定、决策与共识达成等环节。开场致辞应简短有力，以激发参会人员积极性；项目回顾要全面清晰，让参会人员了解项目整体情况；

成果评估要客观准确，基于数据和事实；差距分析要深入透彻，找出关键问题；根因归因要追本溯源，找到问题的根本原因；改进计划制定要具体可行，明确下一步行动；决策与共识达成要果断坚定，为项目的后续执行提供明确方向。同时，为保证会议聚焦主题，应由专业主持人引导，确保讨论紧密围绕复盘主题展开，对于偏离主题的讨论，要及时引导其回归正轨。

（3）会后跟进。

复盘会议的会后跟进要注重决议执行与监督机制，需将会议决议和改进计划分解到具体责任人，明确执行时间与要求，建立监督机制并定期检查，确保改进措施落地生效。同时，为确保改进计划有效落地，要通过定期跟踪、沟通协调、激励问责等措施来推动改进计划的执行，及时解决执行过程中出现的问题，并根据实际情况调整计划，从而保证改进计划达到预期效果。

4. 复盘报告模板（核心框架）

（1）报告的基本结构与逻辑。

复盘报告应清晰呈现复盘过程和结果。报告需按照复盘流程的顺序撰写，包括项目概述、目标对齐、结果量化、差距定位、根因归因、改进计划等部分。报告逻辑清晰，层次分明，使读者能够快速了解复盘的主要内容和结论。

（2）各部分撰写要点与示例。

提供撰写指导和参考。在撰写复盘报告时，各部分都有其特定的要点和要求。项目概述部分要简要介绍项目的背景、目标和执行情况；目标对齐部分要说明项目目标的设定和对齐情况；结果量化部分要详细列出项目的实际成果和数据；差距定位部分要分析存在的差距和问题；根因归因部分要深入探讨问题的根本原因；改进计划部分要明确改进措施和执行计划。通过提供示例，帮助撰写者更好地理解和掌握各部分的撰写要点。

（3）报告的呈现技巧与可视化方法。

提升报告的可读性和说服力。在报告中，可以通过合理运用图表、图形等可视化元素，来增强报告的可读性和吸引力。例如，使用柱状图、折线图展示数据变化趋势；使用鱼骨图、流程图呈现分析逻辑；使用表格清晰列出改进计划的责任人和时间节点等。通过这些可视化方法，可以让复杂的数据和分析结果更加直观易懂，从而有效提高报告的说服力。

（二）团队协作优化：从复盘到协同进化

1. 复盘中的团队协作要点

（1）营造开放的复盘氛围。

鼓励团队成员积极参与复盘。在复盘过程中，要营造开放、坦诚的氛围，使团队成员敢于表达自己的观点和意见。领导要以身作则，鼓励成员积极参与讨论，并对于不同的意见持包容态度，避免批评和指责。

（2）鼓励多视角的观点碰撞。

促进团队思维的多样性和创新性。不同成员可能有不同的视角和见解，通过鼓励多视角的观点碰撞，可以激发团队的创新思维，找到更好的解决方案。在复盘会议中，可以设置专门的环节，让成员分享不同的观点和经验，促进思维的交流和融合。

（3）协同制定改进措施。

确保改进措施符合团队整体利益。改进措施的制定需要团队成员共同参与，充分考虑团队的整体利益和实际情况。通过协同制定改进措施，可以提高团队成员的认同感和执行力，确保改进措施能够顺利实施。

2. 跨部门协作的挑战与解决方案

（1）常见的协作障碍分析。

识别跨部门协作中的难点和痛点。跨部门协作常常面临沟通不畅、目标不一致、资源争夺、文化差异等问题。不同部门可能采用不同的工作方式和沟通风格，这可能导致信息传递不准确或不及时。各部门的目标可能不完全一致，甚至存在冲突，导致协作难度增加。资源的有限性也可能引发部门之间的争夺。此外，不同部门的文化和价值观差异也可能对协作效果产生影响。

（2）建立有效的沟通机制。

增强跨部门沟通与协作效率。为了克服跨部门协作的障碍，需要建立有效的沟通机制。可以定期召开跨部门会议，加强信息交流和沟通；制定共同的目标和愿景，使各部门朝着同一个方向努力；明确各部门的职责和分工，避免因职责不清导致的推诿现象；建立资源共享和协调机制，合理分配资源，避免资源争夺。

（3）资源整合与利益协调的方法。

打破部门壁垒，实现资源共享和利益共赢。通过建立跨部门项目团队、联合工作小组等形式，促进部门之间的合作。在利益分配方面，要公平合理，充分考虑各部门的贡献和需求，以实现利益的平衡和共赢。

3. 团队协作工具与平台推荐

（1）协作工具的功能与适用场景。

介绍适合团队协作的工具及其适用场景。常见的团队协作工具包括项目管理工具如Trello、Asana，即时通信工具如Slack、微信，文档协作工具如Google Docs、石墨文档等。这些工具具备任务分配、进度跟踪、沟通交流、文件共享等功能，适用于多种工作场景。

（2）平台选择与使用的注意事项。

指导团队选择合适的协作平台并高效使用。在选择协作平台时，要根据团队的实际需求和工作特点进行综合考虑。重点关注平台的易用性、功能完整性、安全性等方面。在使用过程中，要制定相应的使用规范和流程，确保团队成员能够熟练掌握和高效使用协作平台。

（三）能力提升路径：个人与团队双轮驱动

1. 个人能力提升图谱

个人能力提升图谱如图8-1所示。

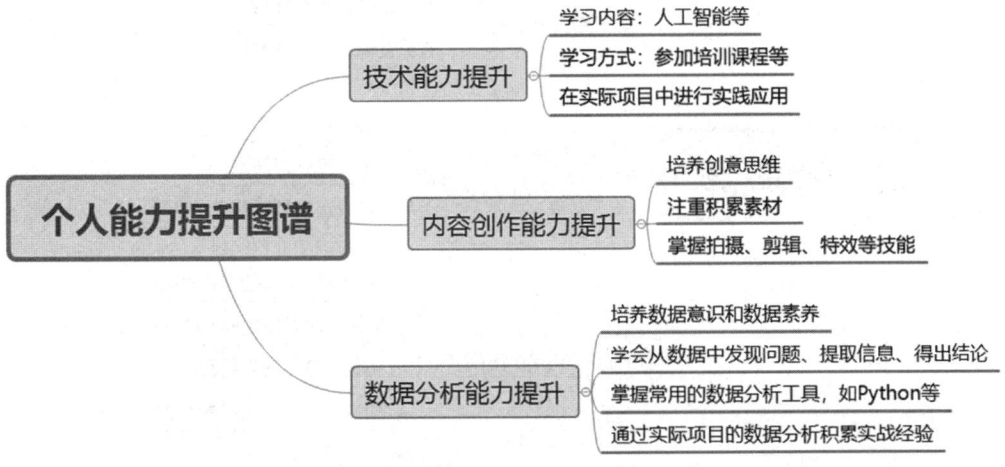

图 8-1　个人能力提升图谱

（1）技术能力提升。

在个人技术能力提升方面，新媒体从业者既要关注新媒体技术的发展趋势，也要注重技能学习与实践应用。一方面，随着新媒体技术的不断发展，如人工智能、大数据、虚拟现实等新兴技术逐渐融入媒体行业，从业者需要及时了解和掌握这些技术，以便更好地应用于项目中。另一方面，从业者可以通过参加培训课程、在线学习、阅读专业书籍等方式提升技术能力，并在实际项目中进行实践应用，不断积累经验，从而实现技术能力的全面提升。

（2）内容创作能力提升。

在个人内容创作能力提升方面，需要从创意激发与素材积累及技能精进等方面着手。一方面，要培养创意思维，通过阅读、观察、交流等方式激发创意灵感，同时注重积累素材，建立素材库，为内容创作提供丰富的素材。另一方面，要不断提升写作水平，掌握不同风格和类型的写作技巧，提高内容的文字表达质量。此外，对于视频制作，要熟练掌握拍摄、剪辑、特效等技能，运用先进的技术手段提高内容的制作质量和吸引力，从而实现个人内容创作能力的全面提升。

（3）数据分析能力提升。

在个人数据分析能力提升方面，首先，要培养数据意识和数据素养，了解数据分析的基本概念和方法，学会从数据中发现问题、提取信息、得出结论。其次，要掌握常用的数据分析工具，如Excel、SPSS、Python等，并通过实际项目的数据分析积累实战经验。在实践过程中，不断优化分析方法，提高数据分析的效率和准确性，从而实现个人数据分析能力的全面提升。

2. 团队能力跃迁

团队能力跃迁如图8-2所示。

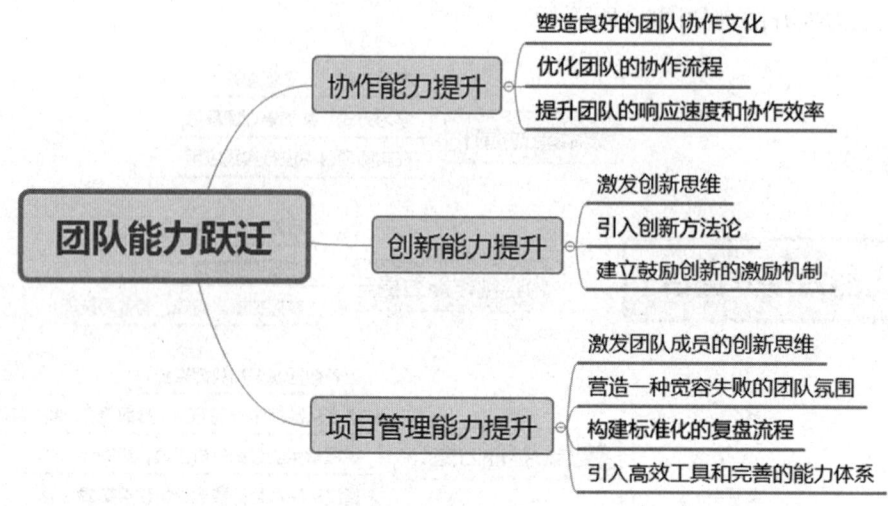

图 8-2　团队能力跃迁

（1）协作能力提升。

在团队协作能力提升方面，通过组织团队建设活动、培养共同价值观等方式，塑造良好的团队协作文化，增强团队成员之间的信任和默契。在文化塑造的基础上，还需要不断优化团队的协作流程，减少不必要的环节，以降低沟通成本。可以引入敏捷管理等方法，以提升团队的响应速度和协作效率，从而实现团队协作能力的全面提升。

（2）创新能力提升。

激发创新思维与引入创新方法论。鼓励团队成员突破传统思维，敢于尝试新的方法和思路。引入创新方法论，如设计思维、萃智理论等，为团队提供系统的创新方法和工具支持。

建立鼓励创新的激励机制。建立鼓励创新的激励机制，对团队成员的创新行为和成果给予认可和奖励。

通过以上努力，共同促进团队创新能力的全面提升。

（3）项目管理能力提升。

在团队项目管理能力提升方面，要激发团队成员的创新思维，鼓励他们突破传统思维模式，尝试新的方法和思路。同时，要营造一种宽容失败的团队氛围，让成员在心理上感到安全，敢于大胆尝试和探索，即使在创新过程中遇到挫折也不会过于担忧受到批评或惩罚。

通过构建标准化的复盘流程、引入高效工具和完善的能力体系，团队可以实现从零散经验到系统化能力的跃升。复盘的意义不仅在于总结项目成果，更在于全面回顾项目过程。借助复盘机制，团队能够提炼经验教训，优化协作模式，进而提升个体与整体的竞争力，为后续项目筑牢根基。

附录

1. 复盘会议纪要模板：格式规范与填写示例

会议纪要应包括会议的基本信息、会议目的、会议议程、讨论内容与结果、行动事项等部分。格式要规范，内容要清晰明了。

2. 跨部门协作 SOP 手册：流程、规范与沟通要点

SOP手册详细描述了跨部门协作的流程、规范和沟通要点。包括项目启动、执行、监控、收尾等阶段的跨部门协作流程；各部门在协作中的职责和分工；沟通的方式、频率、内容等要点。

3. 能力提升计划甘特图：目标设定、任务分解与进度跟踪

甘特图是一种基于条形图的可视化工具，用于展示项目或计划的时间表和进度。它以时间为主线，将任务、活动或阶段按时间顺序排列，直观显示每个任务的开始时间、持续时间和结束时间。通过甘特图，可以清晰了解项目的整体安排，识别任务之间的先后顺序和依赖关系，以及监控项目的执行情况和进度偏差。

■ 课中任务

➤ 任务一：新媒体传播项目的成果展示与平台适配

1. 任务目标

根据新媒体传播项目的成果内容类型和表现形式，识别不同平台的技术适配要求，制定与平台相适配的分发策略，以实现精准触达和传播效果最大化。

2. 操作步骤

（1）识别成果内容类型与表现形式。

分析新媒体传播项目的成果内容，明确其类型（如短视频、图文、直播等）和表现形式（如故事性、数据可视化、互动式等），为后续适配提供依据。

（2）厘清不同平台的技术适配要求。

针对目标平台，梳理其技术适配的关键要求，包括但不限于分辨率、文件格式、编码标准、交互功能等。

（3）制定适配平台的分发策略。

根据平台特点、用户画像和内容类型，制定针对性的分发策略，包括优化发布时间、标签设置、互动引导等，以提升内容的传播效果。

4. 完成适配表格

根据上述分析，填写表8-1，明确各平台的适配细节。

表 8-1 新媒体传播项目的成果展示与平台适配

平台类型	代表性平台	内容形式	技术适配	分发策略
短视频平台	抖音、快手			
社交平台	微博、微信公众号			
直播平台	快手直播、抖音直播			
知识付费平台	知乎、小红书			

> 任务二：分析某品牌新品发布会的融合传播策略

1. 任务目标

分析某品牌新品发布会的融合传播策略，明确主平台和辅平台的选择、流量作用、内容传播策略，以及各平台之间的功能互补关系，以优化传播效果。

2. 操作步骤

（1）确定主平台及其流量作用。

① 主平台：确定新品发布会的核心传播平台（如抖音、微博、微信等）。

② 流量作用：主平台通常承担主要流量入口的角色，通过高曝光率和广泛的用户基础，吸引大量目标用户，为发布会提供核心流量支持。

③ 示例：如果品牌目标用户主要是年轻人，抖音可能是主平台；如果品牌注重专业口碑，微博可能是主平台。

（2）确定辅平台及其流量作用。

① 辅平台是什么？确定辅助传播平台（如小红书、B站、知乎等）。

② 流量作用：辅平台通过精准定位特定用户群体，扩大传播范围，为主平台引流，并通过互动和口碑传播增强品牌影响力。

③ 示例：小红书适合美妆、时尚类新品的深度种草；B站适合科技、创意类新品的深度评测。

（3）主平台的内容传播策略。

① 传播内容：确定主平台上传播的具体内容（如发布会直播、短视频预告、图文直播回顾等）。

② 实现目的：通过高质量、高曝光率的内容吸引用户关注，提升品牌知名度，实现新品发布会的核心传播目标。

③ 示例：在抖音发布15秒短视频预告，吸引用户关注发布会直播；在微博发布图文直播回顾，扩大传播范围。

（4）辅平台的内容传播策略。

① 传播内容：确定辅平台上传播的具体内容（如深度评测、用户互动话题、创意内容等）。

② 实现目的：通过精准内容吸引特定用户群体，提升品牌口碑和用户参与度，为主

平台引流并扩大传播范围。

③ 示例：在小红书发布新品使用心得和评测笔记；在B站发布新品创意视频，吸引特定用户群体。

（5）平台功能互补分析。

① 功能互补方式：分析主平台和辅平台如何通过内容、用户群体和传播策略实现功能互补。例如：主平台提供高曝光率和流量入口，辅平台提供深度互动和精准传播；主平台吸引大众关注，辅平台通过专业内容吸引垂直用户；主平台负责实时传播，辅平台通过创意内容延长传播周期。

② 示例：抖音直播发布会，吸引大众关注；小红书发布深度评测笔记，增强用户信任。

3. 输出要求

（1）主平台分析，包括主平台名称、主平台流量作用、主平台传播内容及目的。

（2）辅平台分析，包含辅平台名称、辅平台流量作用、辅平台传播内容及目的。

（3）功能互补分析，描述主平台和辅平台如何实现功能互补，提升整体传播效果。

➢ 任务三：请结合某新媒体传播项目，利用五步标准化复盘流程进行项目复盘

1. 任务目标

通过对新媒体传播项目的复盘，系统梳理项目执行过程中的目标达成情况、关键差距、问题根源及改进措施，形成可落地的改进计划，以优化未来项目执行效果。

2. 操作说明

（1）目标对齐。

① 任务：根据SMART原则确认项目原始目标，确保目标清晰、可衡量、可执行。

② 输出：《项目目标清单》，明确每个目标的具体描述、衡量标准、责任人及完成时间。

（2）结果量化。

① 任务：通过数据看板对比目标与实际成果，量化评估项目表现。

② 输出：《数据对比表》，包含播放量、转化率、ROI等关键指标，对比目标与实际数据，以可视化方式呈现差距。

③ 工具：数据看板（如Power BI、Tableau）、Excel等。

（3）差距定位。

① 任务：识别关键差距并确定优先级，聚焦影响最大的问题。

② 输出：差距热力图，以可视化方式呈现差距，重点关注内容质量、渠道选择、技术短板等方面。

③ 工具：Excel、PowerPoint等。

（4）根因归因。

① 任务：使用5Why分析法追溯问题本质，深入挖掘问题根源。

② 输出：《根因分析矩阵》，记录问题、原因及关联关系，明确核心问题所在。

③ 工具：鱼骨图、5Why分析法。

（5）改进闭环。

① 任务：制订可落地的改进计划，明确责任人、时间节点和KPI。

② 输出：《行动路线图》，详细列出改进措施、责任人、时间节点及对应的KPI，确保改进措施可执行、可追踪。

③ 工具：项目管理工具（如Trello、Asana）、Excel等。

3. 输出要求

（1）《项目目标清单》：明确项目目标的SMART属性，列出具体目标描述、衡量标准、责任人及完成时间。

（2）《数据对比表》：包含关键指标（如播放量、转化率、ROI等），对比目标与实际数据，并以可视化方式呈现差距。

（3）差距热力图：以可视化方式呈现差距，重点关注内容质量、渠道选择、技术短板等方面。

（4）《根因分析矩阵》：记录问题、原因及关联关系，明确核心问题所在。

（5）《行动路线图》：详细列出改进措施、责任人、时间节点及对应的KPI，确保改进措施可执行、可追踪。

> ➢ 任务四：利用OKR设定某新媒体传播项目目标框架

1. 任务目标

利用OKR设定新媒体传播项目目标框架，提高目标的透明度和一致性，增强目标的可衡量性和可追踪性，确保项目目标与组织整体愿景和使命一致，并通过跟踪关键结果评估目标完成情况。

2. 操作步骤

五步标准化复盘的操作步骤如表8-2所示。

表8-2 五步标准化复盘的操作步骤

步骤	核心任务	工具/输出
1. 目标对齐	根据SMART原则确认原始目标，确保目标具体、可衡量、可实现、相关性强、有时限性	《项目目标清单》（明确项目目标的SMART属性，列出具体目标描述、衡量标准、责任人及完成时间）
2. 结果量化	通过数据看板对比目标与实际成果，量化评估项目表现	《数据对比表》（包含关键指标，如播放量、转化率、ROI等，对比目标与实际数据，以可视化方式呈现差距）

(续表)

步骤	核心任务	工具/输出
3．差距定位	识别关键差距并确定优先级，聚焦影响最大的问题	差距热力图（以可视化方式呈现差距，重点关注内容质量、渠道选择、技术短板等方面）
4．根因归因	使用5Why分析法追溯问题本质，深入挖掘问题根源	《根因分析矩阵》（记录问题、原因及关联关系，明确核心问题所在）
5．改进闭环	制定可落地的改进计划，明确责任人、时间节点和关键绩效指标（KPI）	《行动路线图》（详细列出改进措施、责任人、时间节点及对应的KPI，确保改进措施可执行、可追踪）

3．操作说明

（1）设定目标。

① 任务：从组织的战略方向和优先事项出发，确保项目目标与组织的整体愿景和使命保持一致，同时具有一定的挑战性和可实现性。

② 要点：

目标应简洁、明确，避免过于复杂或模糊。

目标应具有一定的挑战性，但也要确保在现有资源和能力范围内可以实现。

③ 示例：

目标：在三个月内，通过新媒体传播提升品牌知名度，使品牌在目标市场的认知度达到30%。

（2）确定关键结果。

① 任务：为每个目标确定3~5个关键结果，每个关键结果都应该是具体的、可衡量的、有时限的，并且与目标紧密相关。

② 要点：

关键结果应明确且量化，避免主观描述。

关键结果应设定时限，明确完成时间。

③ 示例。

关键结果1：在三个月内，实现新媒体平台总曝光量达到100万。

关键结果2：在三个月内，微信公众号粉丝增长率达到20%。

关键结果3：在三个月内，通过新媒体传播活动，使问卷调查中品牌认知度达到30%。

（3）设定评分标准。

① 任务：为每个关键结果设定评分标准，通常采用1~5分的评分标准，1分表示关键结果完全没有达成，5分表示关键结果完全达成。

② 要点：

评分标准应明确、可量化，便于定期评估。

评分标准应与关键结果的完成情况直接挂钩。

③ 示例：

关键结果1评分标准。

1分：曝光量低于50万次；3分：曝光量达到70万次；5分：曝光量达到100万次。

关键结果2评分标准。

1分：粉丝增长率低于5%；3分：粉丝增长率在10%~15%；5分：粉丝增长率达到20%。

关键结果3评分标准。

1分：品牌认知度低于5%；3分：品牌认知度在10%~20%；5分：品牌认知度达到30%。

（4）定期检查和更新。

① 任务：定期检查OKR的进展情况，根据实际情况进行调整和更新，确保OKR始终与组织的目标和优先事项保持一致。

② 要点：

设定固定的检查周期（如每周、每月、每季度）。

根据检查结果，及时调整关键结果或目标，确保其与组织战略一致。

记录检查结果和调整内容，便于后续复盘。

③ 示例：

检查周期。每月检查一次，每季度进行一次全面复盘。

调整内容。如果发现某一关键结果的难度过高或过低，应及时调整目标值或关键结果的描述。

4. 输出要求

（1）《项目目标清单》：明确项目目标的描述，确保项目目标与组织整体愿景和使命一致。

（2）《关键结果清单》：列出每个目标对应的3~5个关键结果，明确每个关键结果的具体描述、衡量标准和完成时间。

（3）《评分标准表》：为每个关键结果设定详细的评分标准，明确1~5分的具体含义。

（4）《检查与更新记录》：记录定期检查的结果和调整内容，便于跟踪OKR的进展和动态调整。

■ 课后巩固

一、知识巩固

1. 填空题

（1）新媒体传播项目成果展示的关键环节包括展示形式设计、视觉效果优化、用户体验与互动设计，以及_____。

（2）五步标准化复盘流程包括目标对齐、结果量化、差距定位、根因归因和_____。

2. 选择题

（1）以下哪个平台最适合发布短视频内容？（　　）

　　A．微博　　　　B．抖音　　　　C．微信公众号　　　　D．淘宝直播

（2）在新媒体传播项目中，用于数据可视化的常用工具是（　　）。

　　A．Photoshop　　B．Excel　　C．Premiere Pro　　D．Sketch

3. 简答题

（1）简述新媒体传播项目成果展示中，线上展示平台的选择与布局规划的主要步骤。

（2）请说明五步标准化复盘流程中"根因归因"的含义和作用。

二、能力提升

1. 案例分析

（1）分析某美妆品牌的新品面膜全域传播项目，说明其在多平台分工和互动技术应用方面的策略及其效果。

（2）选择一个你熟悉的新媒体传播项目，运用五步标准化复盘流程进行项目复盘，并撰写一份简要的复盘报告。

2. 操作题

（1）使用数据分析工具（如Google Analytics）收集并整理新媒体传播项目的相关数据，构建量化评估指标体系，并撰写一份数据对比表。

（2）运用鱼骨图和5Why分析法对一个新媒体传播项目中的关键问题进行根因分析，并制定相应的改进计划。

3. 设计题

（1）为一个假设的新媒体传播项目设计一套展示形式，包括线上平台的选择与布局规划，以及线下展示活动策划与空间设计。

（2）制定一个新媒体传播项目的品牌化内容传播策略，包括目标设定、关键结果确定、评分标准制定和定期检查与更新计划。

三、素质拓展

（1）组织一次团队讨论，分享你在新媒体传播项目中的创意想法，并倾听其他成员的意见和建议，共同完善项目方案。

（2）在一个新媒体传播项目中，尝试提出至少3个创新性的解决方案，以应对项目中遇到的挑战，并评估这些方案的可行性和效果。

四、延伸资源

（1）主动参与学校或社区的新媒体传播项目实践，积累实际工作经验和案例素材。

（2）与同学组成团队，策划并执行一个小型的新媒体传播项目，从项目立项到成果展示，全面锻炼项目管理能力。

第九章　新媒体传播法规与伦理准则

在新媒体传播日益繁荣的今天，了解并遵守相关法律法规对于媒体从业者、内容创作者及平台管理者至关重要。本章将重点解读新媒体传播相关的法律法规条文，结合具体案例说明其应用场景，并提供合规操作指引，以帮助学习者在新媒体环境中合法合规地进行信息传播。

■ 教学目标

知识目标

能够熟记《中华人民共和国网络安全法》《互联网信息服务管理办法》《网络信息内容生态治理规定》等核心法规条文。

能够辨别著作权、商标权、肖像权等知识产权保护范畴。

能够列举网络传播伦理五大准则体系。

能力目标

能够具备法律条文适用场景分析能力。

能够制定内容生产全流程的知识产权保护方案。

能够构建包含伦理审查机制的传播策略。

素养目标

能够养成法律红线意识与伦理敏感度。

能够建立传播价值与社会责任并重的职业理念。

能够形成对算法歧视、信息茧房等新型伦理问题的批判性思维。

■ 课前自学

一、新媒体传播法律法规解读与应用

（一）核心条款

1.《中华人民共和国网络安全法》

第四十六条　任何个人和组织应当对其使用网络的行为负责，不得设立用于实施诈骗、传授犯罪方法、制作或者销售违禁物品、管制物品等违法犯罪活动的网站、通讯群组，不得利用网络发布涉及实施诈骗、制作或者销售违禁物品、管制物品以及其他违法犯罪活动的信息。

适用场景：社交媒体平台、自媒体账号、网络直播、短视频分享等所有涉及网络内容发布和传播的场景。

● **案例：在网络发布买卖驾驶证分等违法信息**

2020年6月至2021年4月，吴某多次使用自己的微信号在微信群和朋友圈中发布回收、贩卖驾驶证分等违法信息，总浏览量达两千余次。其行为违反了《中华人民共和国网络安全法》第四十六条等条款。公安机关依法对吴某处以行政拘留2日的处罚。

2. 《互联网信息服务管理办法》

第十五条　互联网信息服务提供者不得制作、复制、发布、传播含有下列内容的信息：
（一）反对宪法所确定的基本原则的；
（二）危害国家安全，泄露国家秘密，颠覆国家政权，破坏国家统一的；
（三）损害国家荣誉和利益的；
（四）煽动民族仇恨、民族歧视，破坏民族团结的；
（五）破坏国家宗教政策，宣扬邪教和封建迷信的；
（六）散布谣言，扰乱社会秩序，破坏社会稳定的；
（七）散布淫秽、色情、赌博、暴力、凶杀、恐怖或者教唆犯罪的；
（八）侮辱或者诽谤他人，侵害他人合法权益的；
（九）含有法律、行政法规禁止的其他内容的。

适用场景：新闻网站、论坛、博客、微博、微信公众号、短视频平台等提供信息服务的所有新媒体平台。

● **案例：散布不实信息**

濮阳市华龙区晁某为"博眼球"吸引流量，在某短视频平台通过个人网络账号"濮阳XX说房"发布"在濮阳这个小区买房都赔冒烟"等不实信息，造成不良社会影响。违反了《互联网信息服务管理办法》第十五条第六项规定：散布谣言，扰乱社会秩序，破坏社会稳定的。华龙区委网信办对该账号负责人进行批评教育，该视频现已删除。

3. 《网络信息内容生态治理规定》

第六条　网络信息内容生产者不得制作、复制、发布含有下列内容的违法信息：
（一）反对宪法所确定的基本原则的；
（二）危害国家安全，泄露国家秘密，颠覆国家政权，破坏国家统一的；
（三）损害国家荣誉和利益的；

（四）歪曲、丑化、亵渎、否定英雄烈士事迹和精神，以侮辱、诽谤或者其他方式侵害英雄烈士的姓名、肖像、名誉、荣誉的；

（五）宣扬恐怖主义、极端主义或者煽动实施恐怖活动、极端主义活动的；

（六）煽动民族仇恨、民族歧视，破坏民族团结的；

（七）破坏国家宗教政策，宣扬邪教和封建迷信的；

（八）散布谣言，扰乱经济秩序和社会秩序的；

（九）散布淫秽、色情、赌博、暴力、凶杀、恐怖或者教唆犯罪的；

（十）侮辱或者诽谤他人，侵害他人名誉、隐私和其他合法权益的；

（十一）法律、行政法规禁止的其他内容。

第七条 网络信息内容生产者应当采取措施，防范和抵制制作、复制、发布含有下列内容的不良信息：

（一）使用夸张标题，内容与标题严重不符的；

（二）炒作绯闻、丑闻、劣迹等的；

（三）不当评述自然灾害、重大事故等灾难的；

（四）带有性暗示、性挑逗等易使人产生性联想的；

（五）展现血腥、惊悚、残忍等致人身心不适的；

（六）煽动人群歧视、地域歧视等的；

（七）宣扬低俗、庸俗、媚俗内容的；

（八）可能引发未成年人模仿不安全行为和违反社会公德行为、诱导未成年人不良嗜好等的；

（九）其他对网络生态造成不良影响的内容。

适用场景：涵盖所有网络平台，特别是短视频、直播、社交媒体等用户生成内容（UGC）占比较高的平台。

● **案例：歪曲国务院文件**

广东佛山市顺德区某网站发布题为《重磅！国务院发声：限购或限售政策或被废止》的文章，对国务院相关文件进行断章取义，歪曲原意，其行为已违反《网络信息内容生态治理规定》第七条第一项规定，佛山网信部门立即要求该网站处置相关信息并彻底全面整改相关问题，完善信息发布管理机制。

（二）主要适用场景

1. 社交媒体平台

社交媒体平台作为信息传播的主要渠道之一，其内容监管尤为严格。微博、微信、抖音、快手等平台，须严格遵守相关法律法规，防止用户发布违法或不良信息。平台应建立健全内容审核机制,及时删除或屏蔽违规内容,并对违规用户进行处罚。

2. 自媒体账号

自媒体账号因其个性化、灵活性的特点,往往更容易成为违法信息的传播源。自媒体从业者需增强法律意识,确保发布内容的合法性,避免涉及敏感话题或散布谣言。同时,自媒体账号在转载他人作品时,应尊重原作者的知识产权,并获取必要的授权。

3. 网络直播

网络直播因其即时性和互动性,对内容监管提出了更高要求。直播平台需加强对主播的培训和管理,确保直播内容符合法律法规要求。主播在直播过程中,应避免使用侮辱性语言、传播违法信息或进行低俗表演。

4. 短视频平台

短视频因其短平快的特点,迅速成为新媒体传播的重要形式。短视频平台需建立健全内容审核机制,对涉及暴力、色情、低俗等不良信息进行严格把关。同时,平台应鼓励用户创作积极健康的内容,营造良好的网络生态。

(三)合规操作指引

1. 加强法律法规学习

新媒体从业者应主动学习相关法律法规,了解网络传播的规则与底线。通过参加培训、阅读专业书籍、关注行业动态等方式,不断提升自身的法律素养。

2. 建立健全内容审核机制

新媒体平台应建立健全内容审核机制,对发布的信息进行实时监控和审核。利用人工智能技术辅助人工审核,提高审核效率和准确性。对违规内容进行及时删除或屏蔽,并对违规用户进行处罚。

3. 尊重原创作品,保护知识产权

新媒体从业者应尊重原创作品的知识产权,转载他人作品时需获得授权或注明来源。平台应建立版权保护机制,对侵权行为进行严厉打击,维护良好的网络生态。

4. 提高用户的法律意识

新媒体平台应通过用户协议、弹窗提示等方式,明确告知用户相关法律法规的要求。同时,平台应加强对用户的法律教育和引导,提高用户的法律意识,共同维护网络环境的健康与和谐。

5. 积极应对监管要求

新媒体平台应积极响应监管部门的政策要求,配合开展专项整治行动。对监管部门指

出的问题及时整改，确保平台运营符合法律法规的要求。同时，平台应加强与监管部门的沟通与合作，共同推动新媒体行业的健康发展。

6. 案例分析与警示教育

新媒体从业者应定期关注并分析相关案例，了解违法行为的种类、后果及法律责任。通过案例分析与警示教育，增强自身的法律意识和风险防范能力。同时，平台可将典型案例进行公示，以儆效尤，提醒用户遵守法律法规。

7. 建立应急响应机制

新媒体平台应建立应急响应机制，对突发的网络事件进行快速处置。在发生网络舆情事件时，平台应及时发布权威信息，澄清事实，防止谣言扩散。同时，平台应加强与相关部门的沟通协调，共同应对网络舆情挑战。

新媒体传播作为信息时代的重要传播方式，其合法合规运营对于维护社会稳定、促进文化繁荣具有重要意义。新媒体从业者应严格遵守相关法律法规要求，加强法律法规学习，建立健全内容审核机制，尊重原创作品并保护知识产权。同时，平台应积极应对监管要求，建立应急响应机制，共同推动新媒体行业的健康发展。通过本章的解读与案例分析，希望能够帮助新媒体从业者更好地理解相关法律法规及其应用场景，为合法合规地进行信息传播提供有力保障。

二、知识产权保护要点

在新媒体传播领域，知识产权保护是维护内容创作者权益、促进内容创新的重要保障。新媒体从业者应严格遵守相关法律法规要求，加强法律法规宣传与教育，建立健全内容审核机制、完善版权保护技术、建立版权合作与授权机制，加强用户自律与举报机制，构建多元化纠纷解决机制并开展案例分析与警示教育等工作。通过构建一套有效的防护体系，降低侵权风险，维护良好的网络生态，保障内容创作者的权益。同时，新媒体平台也应积极履行社会责任，加强自律管理，共同推动新媒体行业的健康发展。

（一）侵权风险

在新媒体传播实务中，知识产权侵权风险是每一个从业者必须高度重视的问题。由于新媒体传播具有速度快、范围广、互动性强等特点，一旦发生侵权行为，往往难以迅速控制，可能给权利人造成难以估量的损失。因此，深入解读新媒体传播相关法律法规，并明确其应用场景，对于构建有效的防护体系至关重要。

1. 著作权侵权风险

著作权是新媒体传播中较常见的知识产权类型，它涵盖了文字、音乐、美术、摄影、视听作品等多种形式。在新媒体环境下，著作权侵权风险主要来源于未经授权的使用、转载、改编等行为。

● **案例：未经授权转载文章**

某微信公众号在未获得原作者授权的情况下，擅自转载了一篇在知乎上发布的热门文章。原作者发现后，通过法律途径维权，最终该微信公众号被判定侵权，并赔偿了相应的经济损失。此案例表明，新媒体传播者在转载他人文章时，必须获得原作者的授权，否则将面临法律风险。

● **案例：未经授权改编音乐作品**

某短视频平台上的用户，未经授权将一首热门歌曲进行改编，并将其作为背景音乐发布在短视频中。该行为被原歌曲著作权人发现后，通过法律手段维权成功，短视频平台及用户均承担了相应的法律责任。此案例提醒我们，新媒体传播者在改编他人音乐作品时，必须获得著作权人的授权，否则将构成侵权。

2. 商标权侵权风险

商标权是新媒体传播中一种重要的知识产权类型。商标作为企业的无形资产，具有较高的商业价值。在新媒体环境下，商标权侵权风险主要来源于未经授权的使用和假冒等行为。

● **案例：未经授权使用商标进行商业活动**

某电商平台上的商家未经授权，在商品标题、描述及图片中使用了某知名品牌的商标。该行为被品牌方发现后，通过法律途径维权成功，商家被判定侵权，并赔偿了相应的经济损失。此案例表明，新媒体传播者在商业活动中使用他人商标时，必须获得商标权人的授权，否则将面临法律风险。

● **案例：假冒商标进行销售**

某社交媒体上的用户，通过伪造商标、假冒品牌的方式进行销售活动。该行为被品牌方及消费者举报后，相关部门介入调查，该用户被判定构成商标权侵权，并承担了相应的法律责任。此案例提醒我们，新媒体传播者不得假冒他人商标进行销售活动，否则将构成侵权。

3. 专利权侵权风险

专利权是新媒体传播中相对较少但同样重要的知识产权类型。在新媒体环境下，专利权侵权风险主要来源于未经授权的使用、制造等行为。

- **案例：未经授权使用专利技术**

某科技公司未经授权，在其开发的新媒体产品中使用了某专利技术。该行为被专利权人发现后，通过法律途径维权成功，科技公司被判定侵权，并赔偿了相应的经济损失。此案例表明，新媒体传播者在开发新产品或提供服务时，必须确保未侵犯他人的专利权，否则将面临法律风险。

- **案例：未经授权制造专利产品**

某工厂未经授权，擅自制造并销售了一款受专利保护的电子产品。该行为被专利权人发现后，通过法律手段维权成功，工厂被判定侵权，并承担了相应的法律责任。此案例提醒我们，任何单位或个人不得未经授权制造并销售受专利保护的产品，否则将构成侵权。

（二）防护体系

面对新媒体传播中的知识产权侵权风险，构建一个完善的防护体系至关重要。以下从遵守法律法规、应用技术手段、加强内部管理和合作与维权等方面提出具体建议。

1. 遵守法律法规

（1）了解并遵守相关法律法规。

新媒体传播者应深入了解《中华人民共和国著作权法》《中华人民共和国商标法》《中华人民共和国专利法》等相关法律法规，明确知识产权的保护范围、权利内容、侵权责任等。在传播过程中，严格遵守法律法规，确保不侵犯他人的知识产权。

（2）尊重原作者权利。

在新媒体传播中，应尊重原作者的权利，包括署名权、修改权、保护作品完整权等。在转载、改编他人作品时，必须获得原作者的授权，并注明作品来源及作者姓名。

（3）避免虚假宣传和误导消费者。

在新媒体传播中，应遵守《中华人民共和国广告法》的相关规定，避免虚假宣传，防止误导消费者。在发布广告或推广信息时，确保内容真实、准确、合法。

2. 应用技术手段

（1）数字水印技术。

数字水印技术是一种将特定信息嵌入数字媒体的技术。通过为作品添加数字水印，可以有效追踪和识别侵权行为，为维权提供有力证据。

（2）版权登记。

新媒体传播者可以对自己的作品进行版权登记，以便在侵权纠纷中维护自己的权益。版权登记具有公示性，可以提醒他人尊重自己的知识产权，降低侵权风险。

（3）加密技术。

通过加密技术，可以对新媒体传播中的内容进行保护，防止未经授权的访问和复制。这有助于确保内容的完整性和安全性，降低侵权风险。

3. 加强内部管理

（1）建立知识产权管理制度。

新媒体传播企业应建立知识产权管理制度，明确知识产权的保护范围、权利内容、侵权责任等。通过制度化管理，确保员工在传播过程中严格遵守法律法规，避免侵犯他人的知识产权。

（2）加强员工培训。

定期对员工进行知识产权培训，提高员工的知识产权意识和法律意识。通过培训，使员工了解知识产权的重要性及侵权行为的后果，增强员工的法律意识和自我保护能力。

（3）建立侵权预警机制。

新媒体传播企业应建立侵权预警机制，通过监测和预警系统及时发现并处理侵权行为。一旦发现侵权行为，应立即采取措施进行维权，防止侵权行为扩散和造成更大的损失。

4. 合作与维权

（1）与权利人合作。

新媒体传播者可以积极与权利人合作，通过合法授权等方式使用他人的知识产权。这有助于降低侵权风险，同时也有助于提升新媒体传播的质量和影响力。

（2）加强行业自律。

新媒体传播行业应加强自律，共同维护知识产权的合法权益。可以通过制定行业规范、加强行业监管等方式，推动新媒体传播行业的健康发展。

（3）积极维权。

一旦发现侵权行为，新媒体传播者应积极维权，通过法律途径维护自己的权益。可以通过发出警告信、提起诉讼、寻求行政保护等方式进行维权。同时，还可以寻求专业律师或知识产权代理机构的帮助，以提高维权效率和成功率。

综上所述，新媒体传播中的知识产权保护是一个复杂而重要的问题。通过深入了解相关法律法规、应用技术手段、加强内部管理、积极合作与维权等措施，可以有效降低侵权风险并构建完善的防护体系。同时，通过具体案例分析与应用场景的探讨，可以进一步提高新媒体传播者的知识产权意识和法律意识，为新媒体传播行业的健康发展提供有力保障。

三、网络传播伦理规范

（一）网络传播中的伦理困境

新媒体技术的快速发展使信息传播突破了时空限制，但随之而来的伦理问题也日益复杂。以下是当前网络传播中的六大典型伦理困境：

1. 虚假信息与谣言泛滥

新媒体传播追求时效性，但"快传播"往往以牺牲事实核查为代价。例如，部分平台为博取流量，故意放大未经核实的"反转新闻"，甚至编造虚假事件。虚假信息不仅会误导公众，还可能导致社会恐慌、损害政府公信力。例如，在2024年"广州女子坠楼"事件中，部分媒体为追求点击率，传播血腥画面并发布未经证实的坠楼原因，最终引发舆情失控。

2. 数据滥用与"人肉搜索"

在新媒体环境下，用户隐私面临多重威胁。例如，部分平台通过算法收集用户行为数据并将其用于商业营销，甚至非法交易个人信息。"人肉搜索"等攻击性传播手段对当事人造成严重心理创伤，而现有法律对隐私保护的追责力度不足。

3. 网络匿名与道德失范

网络匿名降低了道德约束成本，导致语言暴力、群体性攻击频发。例如，"键盘侠"通过恶意评论、煽动对立情绪，对个体或群体造成名誉损害。这种现象反映出网民媒介素养不足与平台监管存在漏洞的双重问题。

4. 内容剽窃与收益分配的矛盾

在新媒体平台中，原创内容常被未经授权转载或二次剪辑，内容创作者的权益难以保障。短视频平台上的"洗稿"行为已成为行业顽疾，而收益分配机制的不透明进一步加剧矛盾。例如，某知名短视频博主的原创内容被搬运至其他平台后，流量收益全部被截留。

5. 公共利益与商业利益的冲突

部分新媒体为了追求商业利益，将新闻商品化，忽视社会效益。例如，"有偿新闻""有偿不闻"的现象，以及"流量至上"的导向，导致低俗内容泛滥。某资讯平台曾因推送虚假医疗广告而被处罚，暴露出商业利益对公共责任的侵蚀。

6. 国际传播中的意识形态渗透

在新媒体打破国界限制的同时，也成为意识形态斗争的战场。境外势力通过"揭秘""独家新闻"等方式传播虚假信息，诋毁国家形象，而部分新媒体传播者缺乏辨别能力。例如，某境外账号伪装成"独立媒体"，长期发布抹黑中国政策的所谓"调查报告"。

（二）网络传播伦理规范准则

为应对上述困境，需要构建以下五大伦理准则体系：

1. 真实性准则：事实核查与溯源机制

一是操作规范方面。要求传播者必须标注信息来源，对关键事实进行交叉验证。例如，微博平台推出的"信息溯源标签"功能，可显示新闻的原始发布者及其修改记录。

二是技术支撑方面。利用区块链技术建立内容溯源系统，确保信息可追溯。例如，由新华社和中国搜索联合研发的"媒体融合链"区块链版权平台已于2021年正式上线，实现了新闻稿件全流程上链存证。

2. 隐私保护准则：数据最小化与知情同意

一是数据收集方面。仅收集与传播目的直接相关的必要信息，禁止过度采集。例如，欧盟《通用数据保护条例》要求企业默认关闭非必要的数据采集功能。

二是用户授权方面。通过弹窗提示、分级权限等方式确保用户知情权。例如，微信小程序需用户手动开启地理位置权限。

3. 社会责任准则：公共利益优先

一是内容筛选方面。建立负面清单制度，禁止传播煽动暴力、歧视性内容。例如，抖音的"青少年模式"自动过滤低俗信息。

二是公益倡导方面。设置"正能量专区"，推广科普、公益类内容。例如，B站的"知识区"流量扶持计划。

4. 版权保护准则：确权与收益共享

一是技术确权方面。运用数字水印、AI指纹技术标识原创内容。例如，视觉中国自行开发的"鹰眼"系统，即图像版权网络追踪系统。"鹰眼"可以自动爬虫，自动图像对比，能够追踪视觉中国所拥有的图片在网络上的使用情况，并提供授权管理分析、在线侵权证据保全等版权保护措施。

二是收益分配方面。平台需公开流量分成规则，建立内容创作者维权通道。例如，YouTube的"版权主张"工具允许内容创作者直接申诉侵权视频。

5. 国际传播准则：国家利益与跨文化尊重

一是内容审核方面。对涉及国家主权、民族尊严的内容设置敏感词过滤机制。例如，Facebook在全球范围内部署的本地化审核团队。

二是文化适配方面。在跨国传播中应避免文化刻板印象，尊重多元价值观。例如，TikTok针对不同地区定制内容推荐算法。

（三）网络传播伦理自律机制

伦理规范的有效执行需依托多方参与的动态治理体系。

1. 平台内部自律机制

一是严格审核流程。实行"机器+人工"双重审核机制。以抖音内容审核机制为例。首先，抖音会对用户上传的内容进行初步审核，一旦发现抄袭、色情、侵权等明显违规行为，就会进入下一步处理；其次，平台根据内容的性质和严重程度进行判断；如果判断为违规，平台会以邮件、短信或弹窗的形式通知违规者；对于已经处理完毕的违规行为，抖音会在其官方平台上公示处理结果，以起到监督作用。抖音社区自律公约如图9-1所示。

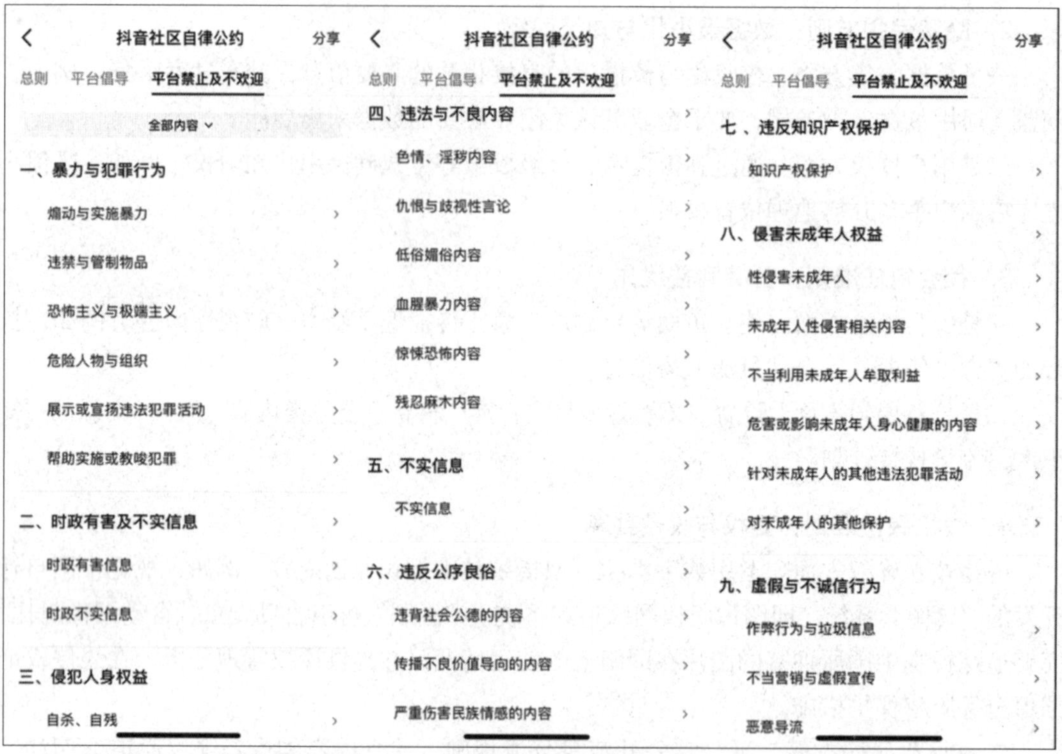

图 9-1 抖音社区自律公约

二是建立信用积分制度。对违规账号实施分级处罚，严重者列入行业黑名单。例如，知乎的"盐值系统"将用户信用与内容推荐权重挂钩。

2. 行业协同机制

一是完善伦理公约。由行业协会制定《新媒体伦理自律公约》，明确"五不传播"底线（不传谣、不侵权、不煽动、不泄密、不歧视）。

二是建立案例警示库。定期更新伦理违规案例库，发布风险提示。例如，以国家网信办组织开展的"清朗"系列专项行动为契机，各地网信办会定期更新典型处理案例，如图9-2所示。

图9-2 "清朗"行动—网信郑州典型案例通报

3. 用户参与机制

一是建立举报激励机制。设置"谣言粉碎机"等众包平台,用户举报查实后可获得积分奖励。例如,微博的"谣言曝光台"设有现金奖励机制。

二是加强网民素养教育。将媒介素养课程纳入中小学教育,培养中小学生批判性思维。例如,上海市科技艺术教育中心建立了上海市学生素质教育优质资源平台,上线网络安全科普公益课程资源,主要针对初中、高中学生群体。课程包括《网络信息与诈骗》《信息保护》等,共20个课时,课程涵盖"如何辨别真假网络信息""提升鉴别信息的能力""发现诈骗信息之后"等内容。

4. 技术赋能机制

一是设置AI伦理助手。开发智能工具辅助内容审核。例如,2025年初,腾讯发布AI检测工具"朱雀"——AI大模型检测工具,可自动识别被篡改的图片。

二是发布透明度报告。平台需定期公开内容审核数据及伦理整改措施,并以可视化图表形式披露审核数据,包括违规内容类型占比(如虚假信息、网络暴力、侵权内容等)、日均处理量、审核响应时效等核心指标。通过上述措施,既能提升平台治理的透明度,又能形成"披露驱动改进"的良性循环。

■ 课中任务

➤ 任务一：新媒体法律法规政策解读

1. 绘制法规要点三维解析表

法规要点三维解析表如表9-1所示。

表 9-1 法规要点三维解析表

法规维度	核心条款	适用场景	合规操作指引
内容安全	《中华人民共和国网络安全法》第十二条	直播带货中保健品功效宣称	建立违禁词过滤库+人工复核机制
用户权益			
平台责任			
…			

2. 场景化案例研讨

【模拟演练】某教育类微信公众号转载某大学教授的付费课程片段，被平台判定违规。分小组完成：

（1）引用《中华人民共和国著作权法》第二十四条"合理使用"条款进行申诉。

（2）设计标准化内容授权获取流程图（含授权书模板）。

3. 法规应用工作坊

开发"新媒体法规合规自测工具"，包含以下三个内容。

（1）内容安全九宫格评估矩阵（含政治敏感、虚假宣传等维度）。

（2）用户协议合规性检查清单（重点条款标红提示）。

（3）典型违规行为案例库（附处罚金额与整改要求）。

➤ 任务二：知识产权保护策略构建

1. 绘制侵权风险热力图

制作全媒体矩阵知识产权风险分布图。

（1）高风险区：短视频背景音乐、微信公众号配图、直播背景设计。

（2）中风险区：课程文案创意、H5交互逻辑、数据可视化模板。

（3）低风险区：原创文字内容、自有品牌元素。

2. 实战沙盘推演

模拟某美食博主遭遇菜谱抄袭事件，学生需完成以下三项内容。

（1）通过"接触+实质性相似"原则判定侵权成立。

（2）制作包含停止侵权、赔偿损失、公开致歉的律师函。

（3）设计预防性措施方案（加水印、定期监测等）。

> **任务三：网络传播伦理准则实践**

1. 伦理决策树模型

绘制伦理审查决策思维导图。

2. 伦理困境情景模拟

设置五个典型场景开展角色扮演。

（1）灾难报道中是否使用遇难者遗物特写。

（2）AI生成虚拟偶像的"人设崩塌"危机处理。

（3）揭露企业违规行为时的消息源保护抉择。

（4）流量KPI压力下的标题党内容取舍。

（5）平台算法推荐导致的群体偏见强化。

3. 自律机制创新设计

分组制定《新媒体伦理守则》，需包含以下三个内容。

（1）人机协同审查流程（AI初筛+伦理委员会终审）。

（2）伦理积分管理制度（违规扣分与修复机制）。

（3）社会监督反馈通道（第三方伦理观察员制度）。

■ 课后提升

1. 综合实践项目

（1）法规应用：为某县级融媒体中心制定《短视频运营合规手册》，包含以下三项内容：

① 内容禁区清单。

② 审核流程图。

③ 应急响应预案模板。

（2）产权保护：完成原创IP的全链条保护方案设计：

① 文字作品：电子版权登记+文盾保护系统部署。

② 虚拟形象：商标注册+形象专利申报。

③ 课程体系：商业秘密保护协议+盗版监测方案。

（3）伦理建设：撰写《智能推荐算法伦理白皮书》，重点解决以下三个问题：

① 信息茧房突破策略。

② 价值观隐性引导检测。

③ 算法歧视修正机制。

2. 拓展研习资源

（1）法规数据库：国家互联网信息办公室政策法规库（含最新司法解释）。

（2）工具推荐。

版权检测：维权骑士、原创宝。

（3）书籍文献：《网络社会治理法治化研究》。

3. 能力认证通道

（1）参与"新媒体管理师"职业资格认证。

（2）考取"数据安全官（DSO）"专业证书。

参考文献

[1] 王泱.移动传播：概念和研究[J].媒体融合新观察，2021，(04):36-39.

[2] 黄楚新，陈玥彤.中国新媒体发展现状与趋势[J].青年记者，2025，(02):28-34.

[3] 黄楚新，陈玥彤.中国新媒体发展新趋势[J].中国传媒科技，2024，(11):159-160.

[4] Cardoso G，赵明君.网络化传播:人即信息[J].全球传媒学刊，2024，11(05):168-186.

[5] 陈刚.生成式人工智能驱动下的传播变革与发展研究：以 ChatGPT 为例[J].学术界，2024，(06):62-69.

[6] 彭兰.生成式人工智能技术驱动传媒业再变革[J].南方传媒研究，2024，(03):5-13.

[7] 刘汉俊.人工智能时代的传播创新[J].新闻与传播评论，2025，78(01):1.

[8] 匡文波. 新媒体理论与技术[M]. 北京: 中国人民大学出版社，2019.

[9] 彭兰. 网络传播概论[M]. 北京: 中国人民大学出版社，2017.

[10] [美]芬格尔·杜塔. 社交媒体大数据分析[M].北京: 人民邮电出版社，2016.

[11] 谢耘耕.新媒体与社会[M].上海：上海交通大学出版社，2011.

[12] [美]利贝卡·鲁宾.传播研究方法[M]. 北京：华夏出版社，2000.

[13] [瑞典]西蒙·林德格伦.数字媒体与社会[M]. 北京：中国传媒大学出版社，2022.

[14] [中]彭兰. 新媒体用户研究：节点化、媒介化、赛博格化的人[M]. 北京：中国人民大学出版社，2020.

[15] [美]亨利·詹金斯. 融合文化：新媒体和旧媒体的冲突地带[M]. 北京：商务印书馆，2012.

[16] 黄桓.新媒体运营与推广[M].北京:清华大学出版社，2024.

[17] 杨昭.抖音运营实战笔记[M].北京:清华大学出版社，2024.

[18] 王力建.新媒体和电商数据化运营[M].北京:清华大学出版社，2024.

[19] [英]尼克·库尔德利. 媒介仪式：一种批判的视角[M]. 北京：中国人民大学出版社，2015.

[20] 李俊海.剖析传媒规制明确传播伦理——评《新媒体传播中的法规与伦理》[J].传媒，2021，(17):97-98.

[21] 邓旭.新媒体时代下人工智能在新闻传播中的伦理问题与应对策略研究[J].传播与版权，2024，(08):88-90.

[22] 徐孜.我国新媒体传播的伦理问题及矫正[D].长沙：长沙理工大学，2017.

[23] 尹义男.我国新媒体传播伦理规范建设的现状及出路[D].哈尔滨：黑龙江大学，2016.

[24] 吴恒,陈冬阳.新媒体传播社会道德的逻辑、困境与方略[J].北京航空航天大学学报（社会科学版），2023，36(05):111-116.

[25] 谢诗佳.新媒体传播中个人信息的法律保护[D].秦皇岛：燕山大学，2022.

[26] 黄子博.新媒体传播主体"德性"缺失现象研究[D].重庆：西南政法大学，2020.

[27] 李城.微博敏感信息追踪溯源关键技术研究[D].北京：中国人民公安大学，2018.

后 记

在全球化新媒体浪潮的推动下，《新媒体传播实务》应运而生。作为黄淮学院校级规划教材，本书肩负着推动新媒体传播教育发展的使命。

全书共九章，从新媒体传播基础认知出发，逐步深入至新媒体项目成果展示与复盘，系统覆盖了新媒体传播的各个环节。编写团队倾注心血，力求为读者呈现一本兼具理论深度与实践价值的教材。杜向菊（黄淮学院）和李晓彦（郑州经贸学院）负责总体方案设计、框架搭建及统稿校对工作，为本书奠定了坚实基础。李晓彦（郑州经贸学院）撰写的第一章和第九章，深入解析新媒体传播基础认知和法规伦理与准则，为读者提供清晰的入门指引与深度思考方向。王雨茜（黄淮学院）撰写的第二章、第三章聚焦新媒体调研策略与选题策划，为传播实践提供了科学方法论。翟嘉欣（黄淮学院）撰写第四章、第五章，详细阐述新媒体传播策划与内容创作的核心技能，助力读者掌握实操要领。刘茜茜（郑州经贸学院）撰写第六章，为读者提供提升新媒体传播效果的实用策略。杜向菊（黄淮学院）撰写第七章、第八章，探讨新媒体传播整合与优化，以及新媒体项目成果展示与复盘，帮助读者构建全面的实践体系。韩露（黄淮学院）撰写前言与后记，并参与统稿校对工作，为本书的整体连贯性与表达质量提供了重要保障。

本书为2024年度黄淮学院高等教育教学改革研究专项项目"智慧教育时代影视传媒类专业研究性教学模式创新研究"（项目编号：2024XJGZLX07）的阶段性研究成果。尽管新媒体行业快速变化，知识体系不断更新，但编写团队始终秉持严谨态度，结合大量案例与资料，力求为读者呈现一本紧跟时代、实用性强的新媒体传播指南。希望本书能为黄淮学院、郑州经贸学院，以及其他高校相关专业的学生提供系统的学习指导，助力他们掌握新媒体传播实务技能；同时，也期待本书成为新媒体从业者的实用参考书，为他们的工作提供有益借鉴。衷心感谢学校领导、相关部门及所有为本书出版付出努力的人员。

本书在编写过程中，吸收了大量国内外学者的研究成果，谨此表示感谢。

由于编者水平有限，书中难免存在不妥或错误之处，敬请各位专家和广大读者批评指正。